現代スポーツ評論 32

Contemporary Sports Critique

特集：スポーツ・インテグリティーを考える

—スポーツの正義をどう保つか

CONTENTS

【特集】スポーツ・インテグリティーを考える　―スポーツの正義をどう保つか

日本のスポーツ・シーン（2015年1月～4月）

写真：フォート・キシモト

第 91 回東京箱根間往復大学駅伝競走（1月）：青山学院大学が初優勝

八百長疑惑で解任されたアギーレの後任となった
ヴァイッド・ハリルホジッチ新監督（3月）

AFC アジアカップオールトラリア 2015（1月）：
選手に指示を送るアギーレ監督

AFC アジアカップオールトラリア 2015（1月）：準々決勝で UAE に敗れうなだれる選手たち

TOP スポンサー契約を結んだトヨタ自動車の豊田章男社長（左）と IOC のバッハ会長（３月）

マイアミ・オープンに挑む錦織圭選手（３月）

スピードスケートW杯で種目別総合優勝を
飾った小平奈緒選手（３月）

世界フィギュアスケート選手権（3月）：羽生結弦選手は銀メダルを獲得

終戦から節目の 70 年、靖国神社拝殿前で土俵入りを奉納する横綱白鵬（4月）

主張

Opinion

スポーツの正義を保つために

―スポーツのインテグリティーを求めて―

友添秀則

1．暴力、ハラスメント、不正行為、アンガバナンス

２０１２年12月に起こった部活指導者の体罰による大阪の高校生の自殺は、大きな社会問題となった。また、それより少し遅れて発覚した、女子柔道ナショナルチームの監督による暴力行為は、選手側からの告発に加えて、競技団体等の対応の遅れもあって社会的な批判を招いた。これらの問題を契機に、我が国のスポーツの指導場面における様々なレベルでの体罰や暴力、ハラスメント行為が明らかになった。一連の問題を受けて、ＪＯＣ（日本オリンピック委員会）は日本の各競技のトップ選手への実態調査を行ったが、トップ選手１７９８人の内、暴力を含むパワハラ・セクハラを受けた者が２０６人（11％）にのぼることが明らかとなった（ＪＯＣ、２０１３年）。

さらに、スポーツにおける暴力行為等の社会問題化を契機に、それまで秘密裡に行われていた様々な暴力行為が告発・報道されるに至って、２０１３年４月には、ＪＯＣや日本体育協会など、体育スポーツ関連５団体が暴力根絶のための「集い」を開き、スポーツの指導場面でこれまで暴力行為が存在したことを認めた上で、「暴力行為根絶宣言」を採択するようになった。また、スポーツにおける暴力根絶へ向けて、文部科学大臣が「日本の

スポーツ史上最大の危機」とのメッセージを発し、警鐘を発する非常事態が起こった。だが、今に至るも現実には、スポーツ指導場面や運動部活動での体罰や暴力行為は絶え間なく発生し、これらを報道する記事が日々絶えることがない。一体、暴力に満ちたスポーツの現実を、どう考えればいいのだろうか。スポーツと暴力の親和性は強固で、暴力はスポーツを構成する文化のひとつでもあるということなのだろうか。

スポーツにおける暴力行為の告発や発覚から少し遅れて、全日本柔道連盟による助成金の不正受給も明らかとなった。さらに、これを契機に助成金の一部を不正に徴収して留保した事実が全日本スキー連盟等の中央競技団体（NF）でも発覚し、また他の複数の中央競技団体では、領収書等の会計書類の捏造や、謝金・助成金の一部を競技団体に還流させるなどの不正行為も発覚した。

笹川スポーツ財団の2012年度の調査によれば、我が国の中央競技団体の職員の正規雇用者数でもっとも多いのは、1～4人であり、回答が得られた71団体の33・8％を占めるという。収入も1億円未満が27団体(38％)を占め、平均値は4100万円であったという（笹川スポーツ財団、2013年）。このように、少なくない競技団体が極めて少数の職員で、少ない収入をやり繰りしながら、自転車操業の如くに懸命に、当該競技の強化、育成、普及を図っているのが我が国のトップスポーツのひとつの現実である。そして、あってはならぬことではあるが、一端歯車が狂えば、このような組織は不正行為に手を染めることになる。だが、このことは、財政的にも規模の点でも、大きな競技団体が決して不正を行わないということでは決してない。組織が大きくなれば当然、財政規模も大きくなり、利権が複雑に絡み合い、学閥や派閥による権力闘争も起こりやすい。そういう意味では、組織ガバナンスが一層難しくなることも想像に難くない。いま、スポーツ組織のガバナンス強化の方途を真剣に考えていかなければ、やがてはスポーツそのものの社会的信頼や支持を失くすという危機的状況が招来するように思えてならない。

2. インテグリティーと欲望の制御

今年2月、日本サッカー協会は日本代表監督のハビエル・アギーレ氏との契約解除を行った。アギーレ氏がスペインリーグで監督をしていた4年前に関与した八百長疑惑について、スペインの検察当局からの告発を裁判所が受理したことが確認されたための解任であった。日本サッカー協会が、八百長疑惑のある人間をなぜ監督に招聘したのかということは問われなければならないだろう。また、昨年10月という早い時期に問題が顕在化したにも関わらず、監督の指揮をとらせ続け、なぜ早期に契約解除に至らなかったのかという点も組織ガバナンスの点から問題として指摘されなければならない。

しかし、この事件では、これらの問題以上に、スポーツにおける八百長が、こと日本を離れると決して珍しいことではないという事実を普段サッカーに興味のない人たちを含んで、多くの人々に認識させたのではないか。現在では、サッカー、野球をはじめ、我が国にはなじみの薄いクリケットやその他のスポーツに至るまで、残念なことだが、八百長や違法賭博は決して珍しいことではない。いやそれどころか、ヨーロッパのプロサッカーでは八百長は日常的に行われているし、例えばラグビーのワールドカップ（1995年）でも違法賭博が行われ、皮肉な言い方をすれば、現在では八百長や違法賭博は国外ではスポーツの風景のひとつでもある。

言うまでもなくスポーツは、現代という時代にあっては、国際政治やグローバル経済に大きな影響を与える存在となった。近代スポーツの萌芽期、イギリスに伝承された民族伝承運動が洗練されながら、後発のアメリカ発祥のスポーツとともに、平等の貫徹、ルールの整備、賭けの禁止、非暴力化を経ながら、第二次大戦後はオリンピックを舞台に国際スポーツとなった。

元来、粗野で野蛮で、賭けごとの対象であった萌芽期の近代スポーツはアマチュアリズムというスポーツ・イデオロギーによって洗練化され、社会的アイデンティティを獲得するかにみえたが、1980年代以降、アマチュアリズムの終焉とともに、悪しき商業主義に支えられた勝利至上主義が闊歩し、ドーピング、八百長、違法賭博、暴力、様々なハラスメント、差別、スポーツ団体のガバナンスの欠如といった多くの抜き差しならない、スポーツの存立そのものを脅かす倫理的諸問題を孕むようになった。だが、逆説的にスポーツのプロ化や悪しき商業主義がこのようなスポーツの倫理的諸問題を生み出したというほど、事態は単純ではないことも付け加えておかなければならないだろう。身分規定でもあったアマチュアリズムの復権を期するだけでは、現代スポーツはあまりにも複雑で、多面的、多層的で、スポーツの高潔さの構築と擁護を難しくさせる。

このような現代スポーツの様々な倫理的諸問題を前にしてＩＯＣなど、スポーツを統括する国際的機関や組織、スポーツの世界の心ある人たちによって、スポーツのインテグリティー（高潔さ、健全性）をどう構築し擁護するかが主張されるようになった。インテグリティー（integrity）という言葉は、欧米の社会や企業でよく用いられる言葉であるが、「健全」「誠実」「無欠な状態」と日本語に訳されることが多い。スポーツにおけるインテグリティー（integrity）をどのように定義するかは、極めて重要な問題であるが、さしあたってここでは、「スポーツにおける高潔さ」と定義しておきたい。

ドイツ観念論の哲学者であったヘーゲルは、近代社会を「欲望の体系」と呼び、「欲望」こそが、社会や歴史を動かす原動力とみなした。ヘーゲルになぞって言えば、現代という時代は、スポーツでの、あるいはスポーツにおける、そしてまたスポーツに関わる我々の欲望をいかに飼い慣らし、制御するか、つまりはスポーツという文化の正義を構築し、守るために如何に禁欲するかが求められているように思えてならない。

3. スポーツが揺れている

やや旧聞に属するが、ロシア出身の大相撲幕内力士による大麻の不法所持や抜き打ち検査での大麻吸引疑惑は、関与した力士の解雇処分のみならず、当該力士の部屋の親方が協会理事長職にあり、その職を引責辞任したことによっても世間を騒がせた。特にこの一連の大麻事件は、時津風部屋所属の当時17歳の力士が部屋の親方や兄弟子による暴行死事件のすぐ後に起こっただけに衝撃も大きかった。その後、２０１０年には大相撲幕内力士や親方による野球賭博が発覚し、総数60名を超える力士が野球、麻雀、花札などの違法賭博に関与していることが明るみに出た。この野球違法賭博の警察による捜査の過程で、力士の間で現金が関与する八百長相撲が明るみに出される事態となった。このことは、現役力士時代の実績を主としたヒエラルキー（hierarchy）を基盤とした、組織マネジメントの素人集団でのガバナンスの限界を示す事例であり、組織インテグリティーの欠如と共に、ここにこそ一連の不祥事の主要因があるというのは、いささか言葉が過ぎるであろうか。

もちろん、「ノミ行為」といわれる違法賭博は、何も大相撲力士が行った野球だけではなく、その他のスポーツでも我が国では古くから行われてきたものであり、これが暴力団等の反社会的組織の資金源となってきたこともよく知られた事実である。そしてまた、違法賭博は、容易にアスリートや選手を買収しての八百長を生みだす温床となり、スポーツそのものの存立基盤を根底から破壊する。

我が国のスポーツにおける非倫理的行為は、先にみた競技団体の助成金の不正受給や暴力、ハラスメント、競技団体のコンプライアンス違反やアンガバナンス、サッカーJリーグでの人種差別的な「JAPANESE ONLY」の垂れ幕問題など枚挙に暇がない。

日本バスケットボール協会（ＪＢＡ）が国際バスケットボール連盟（ＦＩＢＡ）から国内男子トップリーグの1リーグ制への移行やガバナンス強化を長年指摘されながらも、それらが一向に改善されず、無期限の資格停止処分を受けたが、遂には今夏のアンダー19女子世界選手権への出場ができなくなった。

他方では、文部科学省の調査（文部科学省、２０１２年）によると、体育授業や運動部活中の突然死、頭部外傷、脊髄損傷、熱中症などによる死亡や重度の障害事故は近年、減少傾向にあるとはいえ、平成10（１９９８）年度から平成21（２００９）年度までの間に小・中・高校を合わせて５９０件が報告されている。教育活動別にみると、事故の多くは体育授業中ではなく（中・高校では約30％）、運動部活中に起こっている（中・高校では約60％）ことがわかるが、施設や設備等のハード面での安全確保以上に指導者自身の指導力量（教授技術）の高低や指導モラルの欠如が重大事故の原因になったものもあると言わざるを得ないケースがある。名古屋大の内田良氏が指摘したように、柔道事故の死亡者が１９８３年から２０１０年の28年間で１１４名にものぼるという事実は、亡くなった人たちや残された家族を思うと胸が痛い。そしてこの現実を真摯に受け止め反省しなければならないのはもちろん、何よりも早急にその原因究明や再発防止に努めなければならない。

4. スポーツにおける非倫理的行為

ところで、遺伝子ドーピングが臨床段階に入ったといわれるが、ＷＡＤＡ（世界アンチ・ドーピング機構）の懸命の取り組みにも関わらず、この3月にも、北京五輪の競泳男子400メートル自由形の金メダリスト・朴泰桓（パク・テファン・韓国）が抜き打ち検査でテストステロンが検出され処分を受けた。なぜ、ドーピングが根絶されないのか。重要でかつ必要だとはわかっていても、ドーピングコントロールオフィサー（DCO）が立会してのドーピングチェックでのトイレでの採尿は、何度受けても、恥ずかしくて自己嫌悪に陥ると、声を潜めて話してくれる女性アスリートがいる。トップアスリートの競技会以外でのドーピング検査のために、彼（彼女）らに課せられた各日1時間の居場所情報の提供は、つい忘れがちで、トップアスリートの自覚欠如と批判されても、いつも監視されている気がすると話してくれる親しいアスリートがいる。ある意味では、ドーピング違反者のために、ドーピング防止規程を厳守しているアスリートが、不要な手間とプライバシーを侵害されているともいえる現実があるように思えてならない。

さて、現在では、インターネットの普及でどこでも誰でもスポーツに賭けることが可能になった。と同時にインターネットを利用してのスポーツ賭博（Sport betting）は、換金性や匿名性に優れていて、摘発が極めて難しい。また賭けの対象も試合の勝敗を予想するものから、「スポット賭博」といわれる、最初のスローインの時間帯を予想したり、ダブルフォルトの数を当てたりするものが行われている。イギリスではこのスポット賭博は合法であるという。しかし、プレイヤーの側からいえば、勝敗の結果に影響することなく、かつ罪悪感もさほどないので、ブローカーの甘言や誘惑にのりやすく、容易に八百長に加担することになる。しかも、賭けの対象が限定されることもあって、大きな賭け金が動く。

IOC前会長のロゲは2009年に、今後オリンピックを対象に違法賭博が行われるようになるのは時間の問題であると述べ、違法賭博がドーピング以上の脅威になると語っている。実際、IOCは国際刑事警察機構（ICPO）と連携し、スポーツを対象とする賭けに絡んだ八百長対策を強化していく方向を打ち出し、ソチ冬季五輪でも徹底した監視システムを構築している。2010年のサッカーワールドカップの期間中、中国、マレーシア、シンガポール、タイを舞台にしたスポーツ賭博で国際刑事警察機構（ICPO）が摘発した逮捕者は、一か月で約5000人、押収金が2600万ドル（30億円）、20億ドル（2300億円）もの掛け金を扱っていた違法賭博場を閉鎖に追い込んだという（Rowbottom, 2015）。こういった事態は、単にプレイヤーや審判の不正や行動を正すというレベルでは、まったく意味をなさない現実を私たちに突きつける。

相も変わらず、ゲーム中のプレイヤーや審判等の不正やごまかし、チート行為が後を絶たない。ルール内の合法的なものから違法的なものまで無限にある。また、ゲーム中に対戦相手を侮蔑して興奮させ、ミスを誘ったり、逆に対戦相手に試合前から様々な方法を駆使してプレッシャーをかけ、戦意を喪失させるという、いわゆる心理戦の「マインドゲーム」も行われる。サポーターが贔屓チームを勝たせるために、レーザーポインターをサッカーのキーパーやプロ野球の投手の目に当てるプレイ妨害も起こるようになった。単純に倫理的な是非を下すことは難しいが、ケニアやエチオピアの陸上選手が、経済的援助を条件に国籍変更を行って、オリンピックや世界陸上で活躍することも珍しくはない。そして今後、このようなケースが一層増えていくことが予測される。

図1は、スポーツにおける非倫理的行為が発生する「場」と行為関与者、さらに具体的な非倫理的行為の関係構造を示したものである。結論的に言えば、スポーツ

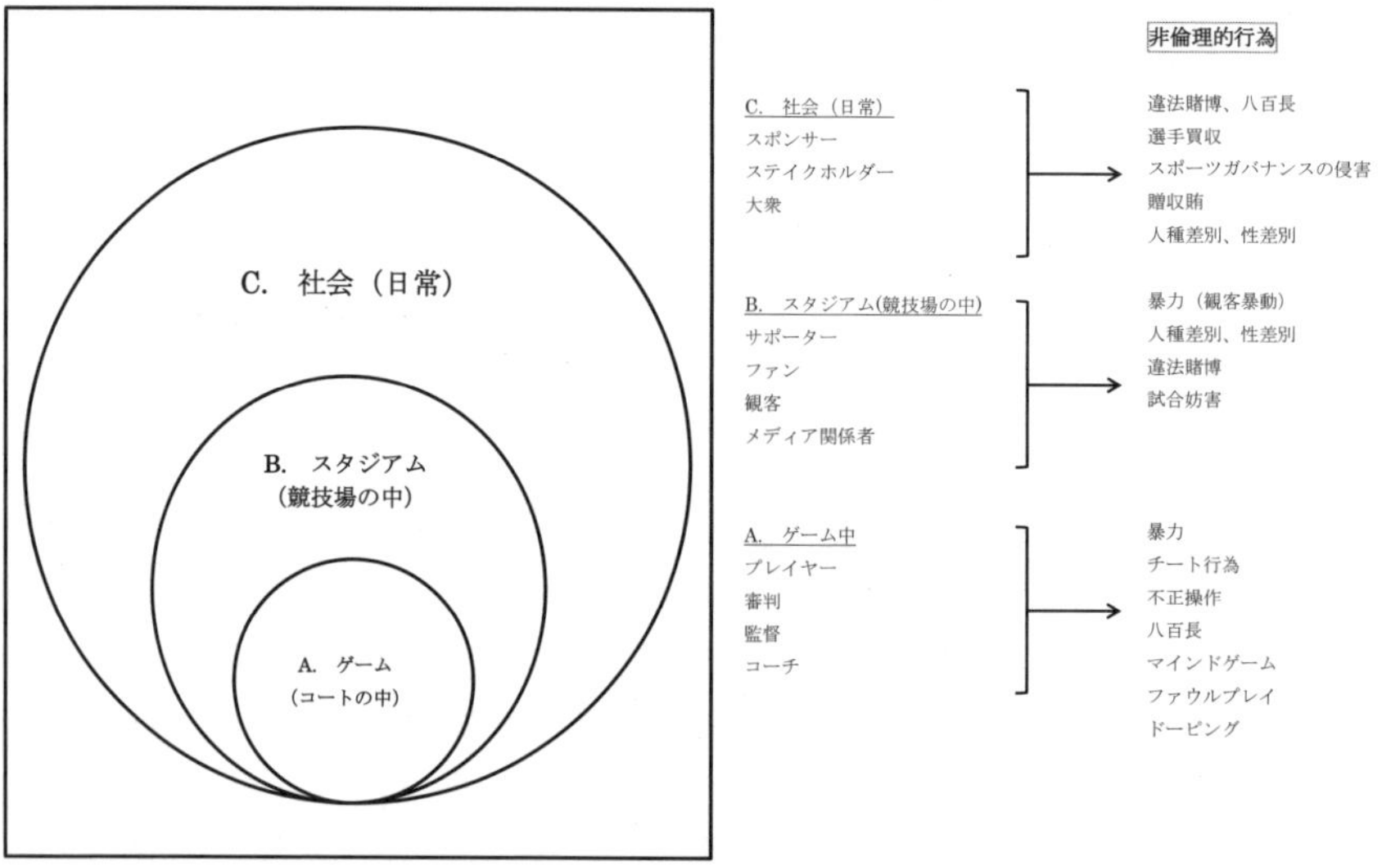

図１　スポーツにおける非倫理的行為の発生構造

のインテグリティーを脅かす現代スポーツの問題群は単純なものから、様々なバックボーンをもつ複雑なものまであり、どうもスポーツのインテグリティーを守るための規準として、近代スポーツが生み出した対面（face to face）を前提とした倫理規範であるフェアプレイの精神やそれを日常生活に広げ、人生の生き方としたスポーツマンシップでは限界があるのではないかと思えてしまう。

というのも、「いま」という時代は、インターネットの匿名性を利用しての非倫理的行為や国境を超えてはるか遠くで行われるゲームに関与しながら、複雑で複合的な非倫理的行為を可能とするようになったからである。これまでの個人倫理で、対面倫理を基本としたフェアプレイの精神やスポーツマンシップでは、表向きスポーツに関与せず、遠隔地から意図的にスポーツのインテグリティーを脅かす匿名の者や予期せぬ行為を制御することは不可能なのではないか、と考えざるを得ない事態が生まれている。

5. スポーツの価値とその教育

スポーツにおける行為の善悪の間には広大な灰色のグレーゾーンがある。現状では、合法的だが、倫理的には許容できない問題も多く生まれてきた。これらの多くのアポリア（難問）を前に、深刻で複雑な問題群を解決し、スポーツのインテグリティーを守るにはどうすればいいのか。

先にみた問題群の根底には、構造的にみれば、「誤った勝利至上主義」、「現ナマ至上主義（カネ）」、「名誉への飽くなき欲望」がある。図2に示すように、これら3つにも階層性と因果系列があり、土台に「現ナマ至上主義（カネへの異常な欲望）」、「歪んだ名誉への欲望」があり、これらが大きな要因となって「誤った勝利至上主義」が生まれてくる。誤った勝利至上主義は進学や就職の手段として競技が用いられることを許容し推奨するようになる。また学校や企業の宣伝媒体としてのスポーツの利用を許容し、さらに時に、国家のプレゼンスの誇示としてのメダル獲得を目指させる。「勝利」はあくまで競技の結果であるのに、カネや名誉、威信のために、それが最優先されるようになる。つまり、カネや名誉への飽くなき欲望が、勝利のためには方法を選ばないという悪しき勝利至上主義を生み出し、そして現実のスポーツの世界に、倫理の空洞化とともに、悪しき勝利至上主義が闊歩するというマキャベリズムが生み出される。

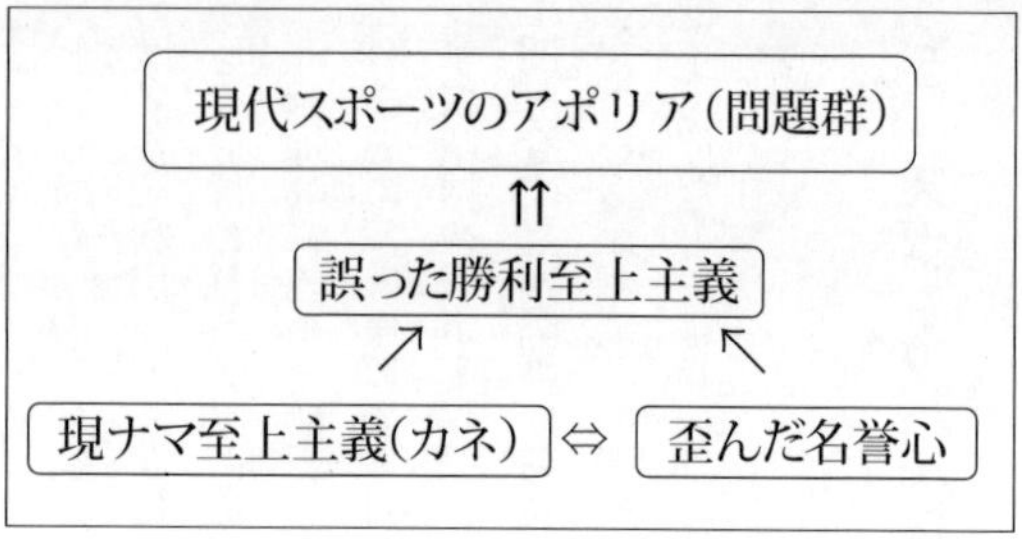

図2　現代スポーツのアポリアの要因

　問題が山積する現代スポーツのインテグリティーを守るには、何よりもスポーツ観の転換が必要である。これまでのスポーツのあり方を規定してきた、「ゼロサムゲーム（zero-sum game）」というスポーツ観を変えていくことと同時に、強靭なスポーツの哲学を構築する必要がある。周知のように、スポーツは長らく「ゼロサムゲーム」であった。自分の勝ちは相手の負け、相手の負けは自分の勝ち、勝ちと負けを足したらいつもゼロになるというスポーツの考え方でいくと、負けることに意味がないと考えるようになる。あるいは負けること自体が悪になってしまう。ゼロサムゲームの考え方は、スポーツをたったひとつのパイをめぐる分捕り合戦に変えてしまう。

　言うまでもなく、スポーツという文化は、現実には負けることが当たり前の文化である。つまり、これがスポーツという文化の本質の一面だということを何よりも確認しておかなければならない。そして、勝敗はスポーツの多様な価値のひとつでしかない。競技スポーツは相手と協力して相互に卓越性を追求していく文化である。卓越性を相手と共同で努力して目指す中で、自分を成長させてくれる文化である。相手は敵ではなく、お互いに切磋琢磨していくパートナーであるというスポーツ観への転換が必要である。

　1970年代にオリンピック憲章からアマチュアという言葉が削除されて以降、アマチュアリズムは死んだといわれる。確かに身分差別規定としてのアマチュアリズムは論外だが、原義としてのアマチュアリズムは、ただ、スポーツを愛し、スポーツのためだけにスポーツを行うという規範を内蔵したものである。アマチュアリズムが崩壊して以降、スポーツの世界に倫理的空洞化が起こったのではないか。つまり、スポーツの世界を支配する基準が欲望やカネになったということである。先に述べたスポーツ観の基底（根っこ）に「原義としてのアマチュアリズム」をおく必要がある。

競技スポーツは、喪失と獲得、競争と共同、共存と敵対、苦悩と幸福、勝利と敗北、屈辱と向上、傲慢と失脚等などの多様な実人生の葛藤（ジレンマ）を非日常の空間で集約的に提供してくれる。また、自分自身を有能と感じたり、逆に無能と感じたりする経験、あるいは自立や依存の経験など、教育学的な見地からみれば、スポーツは人間が社会的自己を形成していく上で必要な宝物が埋まったまさしく宝庫でもある。スポーツの中で共同で卓越性を追求し、自分の限界を知り、その限界に至る過程で仲間との連帯感を強めたり、長い人生を見据えて自己の生き方を眼前の競技と絡めながら真摯に考える場としてスポーツは、人間だけが創造することができた極めて大切な文化である。これからのスポーツの正義を保つために、卓越性の追求や獲得、仲間との連帯、他者の尊重、ルール遵守の精神などに代表されるスポーツの内在的価値や勇気、専心、努力、克己といったスポーツの徳を若い人達や次世代のスポーツの担い手達に学ばせるスポーツの倫理教育が求められる。卓越性の相互追求としてのスポーツ観に立つ時、カネや名誉や威信、スポーツにまつわる様々な欲望はスポーツにとっての外在的価値であり、卓越性の相互追求の結果としての勝利さえもが外在的価値になる。このようなスポーツ観を確立するためのスポーツの価値教育やスポーツの倫理教育は国民必修の学校体育の中で、早い時期から学習する機会の設定が必要であろう。そして、青臭い理想論だと一笑に付されようとも、私たちがいま教えなければならないことは、「勝つ」ことではなく、スポーツの内在的価値とスポーツの徳なのである。本号を通して、大いなる議論を喚起したい。

（早稲田大学大学院）

【文献】

公益財団法人日本オリンピック委員会（ＪＯＣ）、『競技活動の場におけるパワハラ、セクハラ等に関する調査最終報告書』、２０１３年。
Marra, R. (1991) The Quality of Effort: Integrity in Sport and Life for Student - Athletes, Parents, and Coaches. Heart Press.
文部科学省・体育活動中の事故防止に関する調査研究協力者会議、『学校における体育活動中の事故防止について（報告書）』、２０１２年。
Rowbottom , M. (2015) Foul Play: The Dark Arts of Cheating in Sport. Bloomsbury Pub Plc.
笹川スポーツ財団、『中央競技団体現況調査　報告書』、２０１３年。
友添秀則、『体育の人間形成論』、大修館書店、２００９年。

座談会

日本のスポーツ・インテグリティーは危機的状況か

出席者

望月 浩一郎
弁護士、日本スポーツ法学会会長

友添 秀則
早稲田大学教授、現代スポーツ評論編集委員

清水 諭
筑波大学教授、現代スポーツ評論編集委員

と き：2015 年 3 月 31 日
ところ：如水会館

スポーツ界の暴力・ハラスメント問題をめぐって

友添　本日は、スポーツ法学という新しい領域で活躍されています望月浩一郎弁護士にお越しいただきました。望月さんは大相撲の野球賭博や大麻使用問題、それからアスリートの人権擁護やスポーツ界の暴力問題などにおいて重要な役割を担ってこられました。そもそも望月さんが弁護士を志した理由、そしてその中でスポーツ法を重要な仕事の一つとして意識されたのにはどのような理由があったのでしょうか。

望月　私は中・高校では部活動でテニスをし、大学では教養部時代にアイスホッケー部に所属していました。趣味としてスポーツをしていましたが、弁護士の仕事としてスポーツにかかわることになるなど全く考えておりませんでした。私が弁護士をめざしていた時代には、法学部の講座にスポーツ法はありませんでしたし、スポーツに関わる弁護士もほとんどいませんでしたので、私の進む道の選択肢の中にさえ入っていませんでした。大学で弁護士を目指した理由は、私の性格では企業や役所に入ってもすぐに上司と喧嘩して辞めてしまうのではないかと思っていましたので、自由にできる仕事を選んだつもりでした。

私は、弁護士登録時には、過労死や労災職業病分野で仕事をしたいと思っていました。弁護士登録をして2～3年目だったと思うのですが、埼玉県総合リハビリテーションセンターで治療を受けていた労働災害で被災した患者さんの相談に応じていました。何回かリハビリテーションセンターを訪問して相談に応じているうちに、その患者さんから「この病院には私よりももっと気の毒な患者がいるので、相談にのってやってほしい」と言われました。この相談者自身が頸髄損傷で手も足も動かせない後遺障害等級第1級の最重度の患者さんですから、「もっと気の毒な患者さん」という意味が分かりませんでした。その後、いろいろと話を聞いていくと、補償の面では、労災被災者は年金がある、交通事故被災者は保険がある。しかし、スポーツ事故被災者は自己責任ということで補償が少ないという経済的な面で「もっと気の毒」だと言っていたことが分かりました。高校生の水泳部員と体操部員が、部活動中に頸髄を損傷し、四肢麻痺で入院していました。その患者さんたちの相談にのったのが、私の弁護士としてのスポーツとのかかわりのはじめでした。

友添　私は十数年前に、スポーツ法学会の会長をお務めだった濱野吉生先生に誘われてスポーツ法学会に入りました。あの当時、「スポーツ法」という言葉は確かにありましたが、実際にどういったことが有効なのか、あるいはどういった場面で必要なのかがまだよくわかっていませんでした。しかし、いま事故の問題のお話が出ましたが、第三者として法に則って処理をし、被害者の権利を守るという意味では、非常に大事な仕事だと思います。滋賀県の女子中学生が柔道の部活動中に指導者に投げられて意識不明になってしまいました。その裁判では、教師個人に責任はなく、あくまでも公立学校であれば都道府県の教育委員会や地方公共団体が責任を負うという判決が出たわけですが、この点に関してはどうお考えでしょうか。

望月　学校での事故について適用される法律は、私立学校の場合は民法、国公立学校の場合には国家賠償法です。教員に過失があるときに、民法が適用される場合には教員個人が不法行為責任（民法第709条）を負うし、学校も使用者責任（民法第715条）を負います。一方、国家賠償法は、第1条第1項で「国又は公共団体の公権力の行使に当る公務員が、その職務を行うについて、故意又は過失によって違法に他人に損害を加えたときは、国又は公共団体が、これを賠償する責に任ずる。」、同条第2項で「前項の場合において、公務員に故意又は重大な過失があったときは、国又は公共団体は、その公務員に対して求償権を有する。」と定められているため、被害者との関係では公務員は、個人責任を負わず、国又は公共団体が公務員に対して、「故意又は重過失がある場合」にのみ、求償ができるとするのが最高裁判所の判例です。

　しかし、国公立学校と私立学校でこのような区分けをすることは本当に合理的なのか、公務員が個人の責任を負わないことでモラルハザードを起こしているのではないか、国家賠償法により教員が免責されることは事故が繰り返される原因の一つなのではないか、そういう指摘もあります。

友添　事故や問題を起こしても、その経済的責任は自分が引き受けなくてもよいということは非常に大きな問題だと思います。なぜ公立学校の公務員は個人で責任を負わなくてもよいという判例が今まで通ってきたのでしょうか。

望月　病院の場合には、国公立病院であっても民法が適用されます。この差は、学校での教育は公権力の行使であり、病院での医療行為は公権力の行使ではないという点にあります。国公立病院であっても、医療過誤が生じれば医師個人も責任を負うのに、国公立学校では教員に過失があっても個人責任を問われることはない。「どうしてこのような差異がなければならないのか？」と聞かれても、私も合理的な説明ができません。

友添　名古屋大学の内田良先生が調査をされていて、柔道事故による死亡者が１９８３年から２０１０年の28年間で１１４人にも上るというのですが、こういう現実について望月さんはどうお考えでしょうか。

望月　私が初めてスポーツの世界の仕事をしたのが、プールの事故と体操の事故でした。実務法律家としては、まず過去の判例を検討するのですが、類似の事故は山ほどありました。なぜ同じ事故がこんなにも繰り返し起こるのか。プールの事故では、９割の判例が飛び込みの事故か溺れる事故です。当時、東大教育学部助教授だった武藤芳照先生の著書にたどりつき、武藤先生が水泳連盟の医科学委員長もされているということも知り、先輩の弁護士と二人で教えを請うて研究室に行ったことを覚えています。

友添　何年ぐらい前の話でしょうか？

望月　１９８０年代の後半だったと思います。私も当時は30歳前後で若かったので、教えを請いにいったはずが、途中から「水泳連盟は事故防止に十分に取り組んでいないのではないか！」と大議論になってしまいました。いま思うと、教えを請いに行っているにもかかわらず大変失礼な話でした。しかし、武藤先生の懐が大変深かったのです。私たちも武藤先生も、水泳の事故を無くしたいという気持ちは同じであるという点では共通でしたので、何をすべきかという議論を重ねました。プールの規格について、競技団体は「どうしたら競技者間で公平・公正な条件を確保できるのか」という視点で規則を作っていますが、施設の安全性を確保するのは一次的には競技団体の責務ではありません。例えば、体育館という建築物の安全性を担保する仕事は、日本バレーボール協会や日本バスケットボール協会の仕事ではありません。国の仕事です。そういう意味で、水泳プールの安全性は、本来、国や文部科学省が考える問題ではないかという話になり、二人三脚で水泳連盟にも協力をいただき安

望月浩一郎氏

全を確保するための取り組みをしてきました。武藤先生とはもう30年近いお付き合いになります。

友添　事故がなぜ起きるのかというのは、指導者の問題、施設の問題、それから施設を規定している法の問題、これらが重なって起きる問題です。ただ、我々スポーツ関係者からしますと、指導者の問題、これが一番重要な問題ではないかと思います。暴力問題や事故を含めたスポーツ指導者の問題をどのように考えますか。

望月　安全でない施設を使用せざるをえない状況で、指導者の力だけで事故を防止するというのは無理があると考えています。例えば、強い風が吹いてサッカーゴールが転倒するという事故が２００４年に起きました。事故後、校長先生が自殺するという二重に悲しい事故でした。強い風が吹くと、様々なものが飛ばされたり倒れたりして事故が起こるというのは当たり前の話です。現在、文部科学省はサッカーゴールを使用する際には、十分な重さの砂袋を十分な数を使用して転倒を予防しなさいと言っています。しかし、現場から「十分な重さの砂袋とは？　十分な量とはいくつ？」という質問があった際に、文部科学省や教育委員会には答えられる人がいません。私も答えられません。エビデンス（証拠・根拠）がありませんから。「強い風が吹いた時にはサッカーゴールが倒れるかもしれないから注意しなさい」と言いますが、「いったい風速が何メートルになったらやめなければいけないのか」と尋ねられても、私は答えを持っていませんし、文部科学省も教育委員会も同じく答えを持っていません。今のスポーツ界は「安全に注意しましょう」なのですが、具体的なガイドラインがないと意味が無いんです。私は労働災害予防にもかかわっていますが、労働安全衛生ですと、平均風速が秒速10メートルを超えるとクレーンを使った作業は原則禁止です。最大瞬間風速が秒速30メートルを超えると、クレーンの安全点検をしなければ作業が再開できません。行為規範（行動する基準）は、具体的で明確でなければ意味がありません。しかし、スポーツ界、あるいは教育界というのは、「安全に注意しましょう」というお題目で終わっています。ですから事故が無くならない。こういったことの繰り返しだと思います。

友添 スポーツの世界はどんぶり勘定の世界で、結果オーライで事故が起こらなかったのが不思議だということが、実はたくさんあるのではないでしょうか。一つの事故の陰には、３００回もの「ひやり」や「ハッ」としたりするような事故の予兆があると言われています。指導者の側に限って言えば、柔道の場合もそうですし、桜ノ宮高校のバスケットボール部の指導者が子どもに体罰をし、子どもが自殺をしたという事件もありました。指導と暴力と事故、これらは一体となって、紙一重の状況で日本中のスポーツ指導場面にあると思います。望月さんはスポーツにおける暴力やハラスメントについて関わってこられましたが、桜ノ宮高校の事件を契機にして社会問題になったにもかかわらず、あるいは文部科学大臣が「我が国最大の危機である」というメッセージを発しているにもかかわらず、相変わらずスポーツの世界から暴力や体罰が無くならない。むしろあの事件は何だったのかといわんばかりの勢いで、いまでも毎日のように暴力や体罰について報道されています。こういう日本の現実についてどうお考えでしょうか。

望月 体罰や暴力に関する問題について、法律家としては、「刑法上でも禁止されているし、民法上でも違法です」の一言で終わってしまいます。パワーポイントでは、スライド一枚です。しかし、それだけでは指導者は納得してくれません。私は日本体育協会の指導者講習で「スポーツ法」の講座を担当しています。２時間の枠で事故予防の問題から仲裁の問題まですべてやらなければならないので、体罰・暴力の問題に割ける時間は10分から15分ぐらいです。どうしても突っ込んだ話までできません。「聞いている人たちは、『スポーツ指導をしたことがない弁護士が、実態を知らずになに能書きを言っているんだ。』と思っているのだろうな」と思いながらいつも話していました。しかし、時間がないので、受講者である指導者の方々の腹の底に落とす講義ができず、私自身、これまで不戦敗のような感じでやってきたという反省があります。

事故の問題と暴力の問題は共通ではないかと友添さんがお話しされましたが、両方に共通するのはエビデンスに基づいた科学的な指導方法を知らないという事です。暴力の原因は二つあります。一つは正しい指導方法を知らないということ。もう一つは指導者がアスリートとの間でコミュニケーションをとるための力をもっていないこと。この二つがクリアーできれば暴力はなくなると思っています。元サッカー日本代表の〝ミスターレッズ〟こと福田正博さんとシンポジウムで一緒になった時に、聴いた話です。「指導力は情熱と指導方法の掛け算だ」と。情熱のない、やる気のない指導者（0）は何もしないから暴力もおこさないし、良いこともやらない。0に何をかけても0にしかならない。一方、情熱があって（100）、正しい指導方法（100）を知っていれば、指導力はプラス1万になる。しかし、情熱があって（100）も、誤った指導方法（マイナス100）を身につけていれば、マイナス1万になる。これが暴力に頼る指導です。

友添　今のお話は、我々のように指導者を育成している立場からすると耳の痛い話です。スポーツ指導者には4つのタイプがあり、その中で手に負えないのが体罰や暴力が有効だと思っている確信型と指導方法を知らないタイプだと思います。では実際に大学で何も教えていないのかというと、決してそうではありません。そういうカリキュラムやプログラムは組んでいます。しかし科学的エビデンスが学生へ浸透していかない理由があると思います。頭では分かっているし、昼間の大学の授業では分かっている。しかし夕方から行う自分たちの体育会運動部がやっている実践では、例えば先輩にコミュニケーションを図ろうとして、「今の技術はどうなっているのですか?」と聞くと「うるさい、体で覚えろ!」というような返事が返ってくる。つまり現実と理論の世界がうまくかみ合っていないところに問題があるのではないかと考えています。

望月　負のスパイラルがあって、暴力に頼る指導を受けてきたアスリートが、その後指導者になり、自身の経験だけで指導をすると暴力に頼ることになる。ですから、それを乗り越えられるような研鑽を積むことができるかどうかが大きいのではないでしょうか。日本学生野球協会審査室に、２０１３年、高校野球での指導者の暴力事案は70件弱ぐらい報告されています。ところが生徒（部員）による暴力は３５０件ほど報告されています。指導者の暴力より部員の暴力、先輩が後輩に暴力をふるうということの方が広く存在している。審査室の審議で、「この学校は去年も部員の暴力事件の報告があったような気がするけれど？」と聞くと、「そうなんですよ。その時殴られた生徒が、1年後に殴る方になった事件です。」というような話があります。ですから指導者だけでなく、子どもの間でも「暴力に頼る」という負のスパイラルが起きているのです。これを乗り越えなければいけない。いろいろ試みているのですが、根絶への道は険しいと感じています。

友添　弁護士あるいは法律の専門家としてご覧になっていて、最初はスポーツの世界に違和感を覚えましたか？　それはいまでもありますか？

望月　スポーツの世界もそうですし、学校や医療、司法の世界など閉鎖的な社会で似た問題が生じています。社会の常識と閉鎖的な社会の常識があると、後者、いわば「村」の常識が優先されるということはよくあります。これは会社でも同じです。みんながサービス残業をやっているような会社ですと、社員の一人が「定時ですから私帰ります」なんて言うとはじき出されてしまいます。労働基準法よりも「村」の論理の方が優先されてしまいます。

友添　日本人論の世界ですね。同質性を求める、あるいは異質を排除する。そういう意味で言うと、民主主義だとか、異質や多様性を認めていくという発想はなくて、みんなに同調を求めながら、それに反対を唱える人は排除する。その中で暴力が温存されていき、それが次の世代に伝わり同じように繰り返されてきた。次の世代に持ち越さないように我々も努力しているのですが、望月さんは決定的な特効薬のようなお考えはありますか？　例えば、指導法の充実、あるいは指導者の育成、コミュニケーション―いわゆるスポーツの世界で言葉を大事にしていくといった考え―など、何が最も大事だとお考えでしょうか。

望月　優れた指導者は日本にもいて、そういった指導者の経験をいかに普及していくかが大事だと考えています。例えば日本高等学校野球連盟ですと、甲子園塾という指導者講習会を年に2回やっています。暴力に頼らない優れた指導、どうしたら子どもの心をつかめるか、そういったことを、優れた指導者から各都道府県の指導者が学び、さらに、各都道府県に帰って広めようという取り組みをしています。しかし、このような取り組みをしている競技団体がいくつあるのだろうか？　競技団体が指導者に対する十分な支援ができていない。多くの競技において指導者は孤独だと思います。

友添秀則氏

友添　同感です。私は全柔連の理事をしていますが、甲子園塾に学びながら柔道でもやっていこうという提案をしたことがあります。柔道塾あるいは嘉納治五郎塾のようなものをやりましょうということです。形は違いますが、全柔連副会長の山下泰裕さんが音頭をとって、柔道を人づくりの視点から捉えなおそうというマインド委員会というものを立ち上げ、そこから柔道マインドフォーラムという、名前は違いますがいわゆる塾のような指導者対象の全国研修会を実施しています。全国の指導者に集まってもらって、これからの柔道の指導の正しい在り方はどのようなものかというディスカッションをやっています。しかし、実はそういう会はいままでほとんどありませんでした。一方的に競技団体の方から伝達事項を伝えて、試合の時に集まって試合の運営方法を話し合い、あるいは組織の問題について話をする。研修会の講師も受講している指導者も対等の関係で、実際の指導法をみんなで検討し、指導する段階で何が問題かを議論する機会は、どこの国内競技団体もあまりやってこなかったのではないでしょうか。私はそういったことをやっていかなければならないのではないかと感じています。

望月　日本サッカー協会（ＪＦＡ）はその点では進んだ競技団体だと思います。ＪＦＡの田嶋幸三副会長が、Ｊリーグが出来た際に、「どうして8割が外国人監督でないといけないのか」という話をしています。当時の日本人の監督は、「先輩に教えられたからこうする」ということしか知らないので、外国人選手から「どうしてこの練習をするのか？」と聞かれても、それに対する答えを持っていませんでした。指導技術を修得しているかという点とコミュニケーション能力が違うということで、8割を外国人監督に頼らざるをえなかったと述べてます。しかし、日本のサッカー界は、それからさかのぼること30年、１９６４年の東京オリンピックの前に西ドイツから指導者としてクラマーさんを招聘しました。杉山隆一さんや釜本邦茂さんが日本代表で頑張っていた頃ですね。日本の選手は、それまでは先輩からこうしろと言われてきただけでした。しかし、クラマーさんは、なぜインステップで、なぜ甲は伸ばして、なぜ足首を固定してボールを蹴るのか、という理論をきちんと説明し、やってみせるわけです。当時のコーチだった岡野俊一郎さんは、「砂地に水が染み込むように選手の間に浸透しました。」と言っていました。そういった経験があるのに、30年経ったら忘れていて、日本人監督は経験的になっていたのです。

清水　お話を聞いていると、望月さんは科学的な練習や実践の在り方を非常に求められているし、選手間、選手と指導者あるいは指導者と指導者のコミュニケーションが不足していて、こうした点が今後のスポーツ界にとって非常に重要であるとお考えなのだろうと思いました。

スポーツ界のガバナンスの問題性

友添　そういったことを考えると、ガバナンスの問題とつながってくると思います。組織をどのように活性化していくのか。公平性と透明性、それから民主主義を貫徹しながら組織を作っていかなければならないのですが、残念ながら日本スポーツ振興センター（JSC）からの強化資金の不正受給という話が多く出てきました。望月さんは全柔連の第三者委員会に関わられました。その中で何か感じられたことはありましたか?

望月　全柔連が悪くなかったというつもりはありませんが、全柔連だけの問題ではない補助制度の構造上の問題がありました。日本のスポーツはボランティアでやるというのが昔からの伝統です。1988年のソウルオリンピックにシンクロナイズドスイミング選手として出場した田中ウルヴェ京さんに聞くと、水泳連盟の代表選手であっても、当時は、オリンピックに出場する際には自己負担があったそうです。

それがだんだんと国の補助が多くなっていきました。例えば全柔連で言えば、対戦相手の動画を撮ってくる情報戦略部があって、20人ぐらいのボランティアが世界中を駆け回って動画を撮ってきます。そこに、JOCがそのうちの一人に年間360万円補助金を出しましょうとなっても、一人だけが補助金をもらい、残りの人々はボランティアのままではすわりが悪いですよね。強化留保金が考案された原点は、一部の指導者にだけスポーツ振興センターから補助金が出るのはバランスが悪いので、プールしておいてみんなで均等に割りましょうというところにありました。柔道はアテネオリンピックも北京オリンピックも成績が良かったので、補助金がたくさん出るようになりました。そうすると資金が余ってしまうために制度上の疲労を起こしたというのが強化留保金の問題の背景です。全柔連にガバナンスが効いていないのは問題ですが、このような構造上の問題があったことも同時に指摘する必要があります。

日本のスポーツ界では「スポーツはお金とは無縁なものだ」という文化があり、それが、ボランティアに頼る競技団体を作り上げました。小さな競技団体では事務局に一人か二人しかいないという状況もあり、きちんとした運営が出来ない。人がいないから、競技の普及発展がうまく行かない。競技団体のマネージメントも十分できないという悪循環になってしまっています。ですから、どこかで競技団体自身がマネージメントもし、自身で運営資金を確保して、普及発展していけるようにならないといけないし、そのためにガバナンスが必要であると思います。

アスリートＯＢだけで運営している競技団体の典型が大相撲です。全柔連も組織改革を行う前にはほぼ同様でした。それと正反対の競技団体はプロ野球です。私は、アスリートＯＢが中心になってやっていく方がいいと考えていますが、アスリートＯＢ“だけ”だと間違いが起きます。アスリートＯＢはその競技については詳しいですが、競技団体の運営、財務、マネージメントについて知識や経験を身につける経験や学ぶ機会を経てきていない人が多いからです。財務諸表（ＰＬ／ＢＳ）が読めない。競技団体の運営資金を確保するためにどのような事業を展開すべきかというビジョンが描けない。好き嫌いや出身にとらわれずに、競技団体を公正に運営していくノウハウがない。ですから、一定の専門的な知識を有するスタッフは、アスリートＯＢだけですと確保できない場合が多いです。相撲協会の問題に対処した時には、国技館のフェンスの内側と外側の常識の違いを痛感しました。全柔連には正副会長、専務理事、事務局長というきちんとした組織体があるにもかかわらず、そこが運営の中心になっていませんでした。専務理事や事務局長が知らない所で物事が勝手に決まっていきます。第三者委員会に提出された全柔連の意見書も、実は正式な組織決定を経てないで提出されるという点でも問題がありました。

友添　これからの組織は、運営にあたる事務局と強化スタッフやボランティアの関係性を明確にしておく必要があると思います。また、マイナーといわれる競技団体においては事務局を運営していくための資金をどのようにして確保していくのかということは大きな課題になると思います。マイナーな競技団体は、望月さんが先ほどおっしゃったように、強化費をプールしておかなければ運営が立ち行かなくなると多くの関係者は考えているのではないでしょうか。

望月　日本バスケットボール協会（ＪＢＡ）が国際バスケットボール連盟（ＦＩＢＡ）から指摘されているのも、まさにそこです。ガバナンスの問題で、ＦＩＢＡはＪＢＡに対して、強い権限の事務総長を設けて、長期的な視点に立ってしっかりしたスタッフできちんと運営していけるようにしなければいけないと言っています。国際サッカー連盟（ＦＩＦＡ）は、そういったことに対して他の団体に先行しています。ＦＩＦＡ

が各国のサッカー連盟のマニュアルを作っていて、ＪＦＡも定款等の変更をしている最中です。それと同じようなことがＪＢＡに対しても今言われているのです。

しかし、サッカーやバスケットという大きな競技団体ですらこうした状態ですから、それよりも小さい競技団体は全く手つかずになっています。現在、文部科学省がスポーツ団体のガバナンスのマニュアルを作ってさまざまな援助をしていますが、もう少しテコ入れをして弾みをつけてあげなければいけないと思います。事務局に人がいない、お金もない、そのせいで新しい事業がやれないという悪循環を断ち切るためには、人を派遣して強化するのか、あるいは常駐ではなくスポットでいいからマネジメントが出来るような人を巡回させるなどといったことを考えなければいけないと思います。

友添　大学で教鞭をとる私たちの責任として、修士クラスでスポーツＭＢＡというスポーツにおけるファイナンス、会計、財務が分かる人を育てて輩出していかなければならないと思います。ところが、その先には働いていけるような環境が日本にはなかなかないという現実があります。

笹川スポーツ財団の調査によりますと、日本の中央競技団体（ＮＦ）では、職員数が1人から4人という団体がかなり多いようです。ほとんどが1人から2人でしょう。さらにその職員も常勤ではありますが、みなさん既に定年退職していて、ボランティア的に少ない手当と交通費程度で頑張っている。収入も自己財源でやらざるを得ない。自己財源の主たる収入源は入場料収入です。一方で１００億円をはるかに超える収入があるサッカー協会があり、他方で年間数百万円の強化費の配分に頼らざるを得ない団体もあります。これらを比較したうえで、一括りにガバナンスの問題であるというのであれば、先ほど望月さんがおっしゃったように、国が人を出していかなければいけないと思います。専門的にマネジメントできる人を国から出していくというのはアイディアとしてあると思います。ただし、スポーツは自由な活動であるとした時に、国がどこまで関与するべきかという重大な問題も出てきます。かつてイギリスは「サポートはするがコントロールはしない」というスタンスでしたが、ロンドンオリンピックの前にその方針を変えて、「サポートはするがコントロールもする」というようになりました。日本でも日本オリンピック委員会（ＪＯＣ）を経由して今までお金を配分してきましたが、日本スポーツ振興センター（ＪＳＣ）が基になって査定をしながら配分していくことになりました、これは貴重な税金が正しく使われるために、きちんと監視が出来るような組織が必要であるということで、ＪＯＣよりＪＳＣがそう言った意味で機能性が高いという判断があったのだと思います。

しかし、国がそこに直接関与していくという問題が出てきます。ガバナンスについて考えた際に、スポーツ団体には選択肢が少なくて、国の指示に従って動いていくか、あるいは手弁当でもいいから自分たちでやっていくか。なかなか将来性が見えない段階に来ているのではないでしょうか。

望月　二つのアイディアがあると思います。一つはバウチャー制があります。自前で運営できる一定規模の競技団体を想定した案です。マネジメント、財務、それから組織整備、そういったものについて専門家を使える。例えば30時間分の使用料をバウチャーで渡すといった方法です。財源は国ですが、助言は専門家ということになります。

友添　スポーツバウチャー制ですね。

望月　もう一つは共同事務センターです。バウチャー制度では対応することが困難な、より小さな競技団体を想定した案です。小さい自治体が大きな事業をやるときには、地方自治法上の一部事務組合の制度があります。例えば、小さな自治体が個々に一定規模の清掃工場を作らなければならないとなると効率が悪い。いくつかの自治体が共同で一つの清掃工場を設置する。この方が効率がいい。そういった一部事務組合のような発想で、競技団体の運営に精通したスタッフを集めて共同事務センターのようなものをＪＳＣなどが援助をして作っておき、小さな競技団体は、共同事務センターを低額な利用料金で使用できるように、共同事務センターに補助金を投入するようにする。バウチャー制度も共同事務センター制度も、お金は国がだすが、政治が競技団体に干渉するということを回避できます。競技団体に直接補助金を出すことと比較すれば、補助金を巡る不正も起こりにくいと考えています。

友添　おもしろいアイディアですね。非常に適切だと思います。

ところで、素朴な質問ですが、ＦＩＢＡはＪＢＡがアンガバナンスの状態であるということで、女子代表チームの世界大会への派遣を認めませんでした。私たちの発想では、それは内政干渉にあたるのではないか。つまり国際バスケットボール連盟が、なぜ日本バスケットボール協会のリーグの在り方に口を出す権利があるのかというようにも思うのですが、その点についてはどうお考えでしょうか。

望月　国際競技団体（ＩＦ）が国内競技団体（ＮＦ）にそこまで介入できるのかという意見もあります。今回の制裁の問題の契機になった１リーグ化については、ＦＩＢＡは２００９年には、ｂｊリーグがＪＢＡの管轄外リーグとして存在していることの解決と、日本のバスケットボール界が２００６年の世界選手権以降発展していない点を指摘しました。ＪＢＡは、ＦＩＢＡの指摘を拒絶することなく、２０１０年には、２０１３年までにＪＢＬおよびｂｊリーグの両リーグの統合を目指すことを方針決定しています。いわば、バスケットボールのリーグの統一は、ＪＢＡのＦＩＢＡに対する国際公約でもあったのです。「１リーグにした方がいい」というのはＪＢＡの方針であるにもかかわらず、これが実行できなかったのは、ＪＢＡ自身の責任です。ＦＩＢＡの制裁自体に、法的に十分な根拠があるのかという点で問題がないわけではないのですが、逆にＦＩＢＡの制裁をテコにしてＪＢＡの未解決の問題を解決する機会にするという選択肢を選ぶ方が日本のバスケットボール界には有益だと思います。今回の問題は、ＪＢＡの国際公約の不履行に対するペナルティという面があり、一方的な内政干渉ということとは少し違うと思います。私は、ＪＢＡの「債務不履行責任」が問われているという言い方をしています。

清水　望月さんがおっしゃっているように、マネジメントという点に関して説明責任をきちんと果たすために、透明性を確保したり会見を開いたりしていると思うのですが、なかなかそれができないというのはなぜなのでしょうか。しっかりとしたガバナンスができないというのは一体何が原因になっていると思いますか。

望月　学校スポーツが盛んであったという歴史背景もあり、スポーツは無料であるという意識が問題の根底なのではないでしょうか。競技団体自身に、自分たちでマネジメントをして、運営資金を確保して、競技の普及と発展を図っていくという発想が乏しいと感じています。日本水泳

清水　諭氏

連盟のある評議員は弁護士なので、お会いした際に評議員会に参加する交通費を尋ねたところ、評議員の個人負担ということです。日本水泳連盟のように大きな競技団体でもこの実態です。伝統的に資金力が潤沢で、ボランティアのスタッフで一定の人数を安定的に確保できるような競技団体ならばいいですが、そうではない小さな団体だと厳しいですね。

高校サッカーでは、男子サッカーは伝統がありますが、女子サッカーについては最近までマイナーでした。「なでしこジャパン」があれだけ活躍したので、女子サッカーも注目されるようになってきました。中学生までは男女共同でサッカーをプレイできるのですが、高校では女子がサッカーできる環境が十分ではありませんでした。これでは将来の「なでしこジャパン」の選手養成にも支障が生じてしまう。そこで、ＪＦＡは女子高校サッカーの大会に力を入れて、選手を継続的に育てられるような仕組みを作ってきました。当初はＪＦＡがテレビ局にお金を出すから放映してくれるように依頼するところから始まったのですが、今では大会にスポンサーが付き、テレビ局も自から放送するようになり、人気が出てきました。学校経営という視点から女子サッカーをセールスポイントにする学校も増えてきて、女子高校サッカー人口も増えてきました。そうやって競技団体がうまく誘導していけばマネジメントできると思います。問題は、こうしたマネジメントを考えて実行できるスタッフがいる競技団体が少ないことです。

スポーツにおける不正行為をめぐって

友添　望月さんは、大相撲の大麻事件の際に、弁護をされました。大麻も大きな問題ですが、大相撲の八百長の問題について少し考えてみたいと思います。大相撲の八百長問題が社会を賑わせましたが、八百長は法的に見た際に何も問題はありませんよね。

望月　シナリオがあるスポーツの存在自体が悪ではありません。シナリオがないと言いながら裏でシナリオがあるから問題なのです。例えばプロレス。シナリオがあること自体は裁判でも認定されているところですが、プロレスが悪だとは思いません。相撲の在り方は、全力を使い勝敗を競うという道と、シナリオを前提として様式美あるいは勝敗のつけ方の面白さを追求するという両者の道があります。後者の道を宣言するならば、それは一つの在り方だと思っています。いわば、フィギアスケートのショートプログラムの採点競技のような在り方でしょうか。そういった意味で、「スポーツだからシナリオがあってはならない」というのは少し違うと思います。この問題を議論すると「スポーツとは何か」という根源的な議論になるのですが、歌舞伎であっても一定の場面を使って様式美を競うということになれば、スポーツと言えるのではないかと思っています。

友添　人情相撲というのは昔からかなりやられてきたと言います。例えば、かつて7勝7敗で千秋楽を迎えた時の勝率のデータが出てきたことがありました。8勝7敗で勝ち越しています。高い確率で勝利しています。八百長があるとして、それが本当に悪いことなのかどうかは考え物です。しかし、これが賭博と結びつくと問題になります。現在、インターネットがこれだけ発達してきた社会ですから、世界中のいたるところから賭けることが出来ます。スポット賭博というのがかなり流行っているようで、例えば、サッカーで言えば、試合時間の何分から何分の間に何本のスローインが入るかということを予想させたり、あるいはシュートを何本打って何本目にゴールになるかを予測させたりなどといった、あるスポットで切り取って賭博をやるといったことも行われています。賭け事には法律で認められていれば良くて、そうでなければダメだという大きな括りがあります。つまり私的な賭博は法的にダメで、公的な賭けは合法であり、良いという線引きがあります。その線引きは、法的にはどういった意味を持つのでしょうか。

望月　賭博や富くじが刑法などで禁止されているのは、判例上は「健全な経済活動及び勤労への影響と、副次的犯罪の防止である」としています。分かりやすく言えば、射幸心をあおって、賭博や富くじにのめりこむような人を生じさせて、生活が破綻することを防止するためです。ですから、主催者(胴元)が個人でなく、国・地方公共団体であっても原則許されることはありません。それでは、どうして国や公共団体が賭博や富くじをすることが許されているかというと、一つは、アメリカの禁酒法のように、「全部ダメ」にすると闇で反社会勢力も関与してはびこる原因となるので、そのガス抜きという要素があります。もう一つは、江戸時代と同様に国や公共団体の財政源とするという必要性にあります。

友添　サッカーくじは、サッカーのみならず野球と他のスポーツまで広げて販売しようとしています。東京オリンピック・パラリンピックが目の前にあるということも視野に入れているのだと思います。こういったことをどのように捉えていくか。読者の方もいろいろと考えているところだと思います。スポーツと賭博の問題は、スポーツの発生は実は賭け事と密接につながって展開してきているという歴史があります。もともとスポーツは賭けるから楽しいという考え方もあって、スポーツの楽しみ方の一つに賭けるということが入ってきます。健全なスポーツと賭けの在り方というのは、どのあたりが落としどころになるのでしょうか。

望月　スポーツと賭博の関係になると、スポーツが賭博によって歪められるという問題が出てきます。相撲の八百長問題も、当初警視庁は、相撲を対象にした暴力団の賭けがあって、暴力団から指示があって勝ち負けを決めているのではないかという疑いで捜査したのですが、実は力士間の地位維持の互助組合だったということでした。警察がメール内容をあのような形で公表して良いのかという議論はありましたが、スポーツ賭博が横行すると、試合が賭博での営利目的でコントロールされるリスクが高まります。ＦＩＦＡは常に目を光らせ、怪しい試合の時は通報するシステムをとっています。スポーツ賭博は、スポーツの健全性に対する危険性を高めるという点で問題があります。

友添　つまり、賭博そのものの問題性というよりも、賭博がスポーツそのものの健全性を損なわせてしまうということだと思います。アギーレ監督の解任問題は、日本人に対して、サッカーにおける賭博問題があることを如実に示した例でしたね。国外に目を向けると、賭けや違法賭博は頻繁に起こっていて、アジアは違法賭博のマーケットになっています。日本だけが枠外に置かれてインテグリティーが保たれるわけではないですね。今後、日本の国内も同様に違法賭博のマーケットになってしまう危険性を感じています。これは時代の趨勢としてやむを得ないことなのでしょうか。

望月　スポーツが賭博の対象となることによるリスクは必ずありますので、そのリスクをいかにクリアするかということは常に考えておく必要があります。日本だけが安全地帯で、スポーツが賭博による影響を受けないということはあり得ないと思います。

アスリートの人権擁護とこれからのスポーツ界に望むこと

友添　次にドーピングについてお聞きしたいと思います。サッカーの我那覇選手のドーピング冤罪問題において、望月さんは我那覇選手の弁護をされました。あれは何が問題であのようなことになってしまったのでしょうか。

望月　いまでも、診療所の入口に「にんにく注射」を勧める掲示があるのを見ます。「にんにく注射」はワンショットの栄養剤補給で疲労を回復するということを売りにしています。点滴投与ではありません。かつてJリーグの選手たちの間での「にんにく注射」が広く行われていた実態があり、これに対してJFAは厳しい態度を明らかにしていました。このJFAの対応は私も賛成です。我那覇事件は、「にんにく注射」をしたのではないにもかかわらず、Jリーグの一部の方々がスポーツ新聞の記事を見て、「あれだけダメだと言っていた『にんにく注射をした』」と思い込み、処分をしてしまった事件です。

処分をした方々は、途中で思い込みであったことに気がついたけれども、メンツにとらわれて、途中で是正するという道を選択せず、当初の誤った判断で強行突破できると判断したのですが、予想外のスポーツ仲裁裁判所（CAS）の仲裁にまで至ってしまった、ふたを開けてみるとそんな話です。我那覇選手の代理人である伊東弁護士と私は、CAS提訴の記者会見をする前にJFAハウスに行き、Jリーグ事務局長にCASでの仲裁を申し立てますというごあいさつをしました。事務局長は、「ありえない」という態度で、コミック的に言うとこめかみに♯が3つ並んでいる状態でした。Jリーグは文部科学省から指導されて、CASの仲裁なら受けると言ったものの、我那覇選手が、6試合の出場停止、それも出場停止はすでに終わっている事件で、千葉すず選手のCAS仲裁では費用は1000万円以上と言われていたCASへの仲裁を申し立てるなどありえないと考えていたのがありありわかりました。

我那覇選手は、厳しいレギュラー争いの中で、カゼと下痢症状を押して練習に参加したため、水分補給も十分にとれず、練習後脱水症状となり、チームドクターに脱水症状への治療として点滴治療を受けました。主治医は、点滴を打つのであれば、生理食塩水だけでなくビタミンも補給した方がよりよいだろうと生理食塩水にビタミンB1も入れただけです。ところがこれをスポーツ紙の一部が「我那覇に秘密兵器」、「疲労回復に効果があるにんにく注射を打って大一番に備えた」と面白く報道しました。JFAの幹部の方がこの記事を見て、「我那覇がにんにく注射をやったのか」ということになり、カルテも確認しないまま処分をしてしまった。処分をした後に、カルテを取り寄せて見たら我那覇選手は、発熱もあり脱水もあるという話でした。ですからJリーグの全チームドクターが連名で抗議しました。CASの審理では、Jリーグの証人となったある医師（JFA関係では大勢の日本人医師がいるのですが、なぜか外国の医師でした）は、「脱水ではないかと思っても12～24時間は何もしないで待つというのが適切な治療である。生理食塩水の点滴静注は脱水に対する適切な医療であるが、極度の脱水のケースに限られる」などと証言をしました。臨床医療の場ではあり得ない話ですよね。

友添　それがスポーツCASまでいかなければ結論が出なかった。CASそのものは英語での対応になりますので、我那覇選手側が勝ったからよかったですが、もし負けていたら時間的にも財政的にも大きな損失だったと思います。その裁判で勝つという自信はおありだったのでしょうか。

望月　話の筋としては、我那覇選手の主張が受け入れられないとは考えていませんでした。我那覇選手が立ち上がる前に、川崎フロンターレのチームドクターの後藤先生が日本スポーツ仲裁機構に仲裁を申し立てています。その時の代理人が境田正樹弁護士でした。Jリーグが仲裁を受諾しなかったのですが、ここでJリーグが仲裁を受諾していれば我那覇選手がCASの判断を受けるなどという大変な作業を回避することができたのです。我那覇選手は立派でした。「子どもが大きくなった時に、ドーピングをしたお父さんだと言われるのは嫌です。お金の問題ではなく名誉の問題で、何があってもやりたい」と言うのが彼の決断でした。我那覇選手弁護団も日本スポーツ仲裁機構（JSAA）の仲裁を希望したのですが、JFAはこれを拒絶しました。JFAは、今でもJSAAの仲裁を拒絶し続けており、不服はCASでしか受けないと言っています。5試合の出場停止を受けた高校サッカー部員が、不服申立をしたいと考えて、CASに提訴できると思いますか？　不服申立の道はあると言いながら、その道は冬期のエベレスト登山のように険しい道であり、JFAは事実上不服申立の道を閉ざしているのではないでしょうか？

友添　ドーピングはスポーツを破壊する一番許されない行為であるということはよくわかっています。しかし、近年の状況を見てみますと、例えば、居場所情報をいつも出さなければならないということがあります。

望月　ADAMS（アンチ・ドーピング管理システム）の登録は、1日のうち1時間はここにいますということを提出しておかなければいけません。

友添　私の知っているアスリートも、この作業は非常に煩雑で忘れてしまうと言っていました。また、自分のプライバシーが無いという状態に追い込まれてしまうという話をしていました。選手の人権という面から考えていくと、本当にここまでやらなければいけないのでしょうか。

望月　ドーピング検査の尿検体の採取のやり方はJADAのホームページで動画で紹介されています。アスリートにとってはかなり屈辱的な感情をいだくのではないかと思っています。女性選手の検査は、初めての方は相当ショックを受けると思います。ADAMSの登録というのは、選手の負担が大きいのはそのとおりです。アンチ・ドーピング活動の重要性と選手の権利とのバランスをどう取るかが課題だと思います。

友添　アスリートの人権侵害という

意味では、ドーピングの問題あるいは人種差別の問題もあると思います。特に黒人選手への差別を含めた外国人選手への差別問題があります。日本ではサッカーの浦和レッズで〝ジャパニーズオンリー〟という垂れ幕がありました。みんな人種差別はまずいとわかっているにもかかわらずやってしまうというのは、スポーツの世界ではタガが緩んでしまうのでしょうか。スポーツの世界は非日常の世界ですので、熱狂的に自分のひいきチームを応援したりする中で理性がはじけてしまったときに差別的な行為が起こってしまうのではないかと考えています。こういった行為を処罰する法律は必要だと思いますか。

望月　法で規制するのがいいのか、スポーツがどうあるべきなのかということの議論を深めていく方がいいのか、と考えていくと、後者の方が好ましいのではないでしょうか。浦和レッズの問題だけでなく、プロ野球のヤジもひどいと思います。熱狂的なファンになればなるほど、過激でひどくなる傾向にあると思います。浦和レッズは対戦相手のチームのサポーターとも何度かトラブルを起こしています。国家間あるいは人種間だけの問題ではなくて、国内の他のチームとの関係でも互いにリスペクトする文化にしていかなければならないのに、そこが出来ていない。オリンピックやワールドカップでの日本の応援を見ていると、自国の選手のプレーだけでなく、他国の選手のいいプレーには拍手をするなどといった、スポーツをよりよく理解した文化を育む必要を感じています。成熟したスポーツパーソンになることが大切です。

友添　まさにスポーツ・インテグリティーが求められるわけですね。そういった意味でも、私はスポーツ法が必要だと考えています。これからもっと整備されていくと思います。しかし、それだけでは確かに限界があって、法で規制していくことですべてがうまくいくわけではなくて、むしろ法は最後の拠り所であり、かつ最初の行為の基準の原点であり、この最初と最後の幅の中で、人々がスポーツとは何か、スポーツとはどうあるべきかをしっかり考えていかなければならないと思います。

望月　スポーツ法は成文法（文書に書かれた法）に限定されません。例えばスキーをする際に、上から滑ってくるスキーヤーは自分よりも下を滑っているスキーヤーの動静に注意をして、ぶつかってはならないという注意義務があるのですが、スキーの規則にはどこにもそんなことは書いてありません。これはスポーツをやる以上は文書に書いてなくても当然のこととして認識して守らなければならないという話です。先ほどのサッカーや野球の話のように、相手チームをリスペクトするということは、文書としての法律には書いてありませんが、みんなが順守していかなければならないことだと思います。それをいかにして強制ではなく、多くの人々に理解してもらうか。暴力問題と同様に、規制するだけでは無理があると思います。スポーツとはどうあるべきかということを本当に理解していくところからのスタートなのではないでしょうか。

友添　２０２０年に東京オリンピック・パラリンピック開催が決まり、準備が進んでいます。おそらくしっかりと準備して良い大会になると思います。しかしながら、考えるべきところは大会開催後にオリンピック・パラリンピックのレガシーをどう残していくか、あるいはもう少し後のことを考えた際に、ポストオリンピックを目指した日本のスポーツのグランドデザインを描いていかなければいけないと思います。望月さんからこれからの日本のスポーツの行方について何かご提案はありませんか。

望月　私は、２０１２年にスポーツ少年団の日独交流で、日本の高校生・大学生を中心とする日本団80数名を引率してドイツに行ったのですが、仰天しました。人口２５００人の村のサッカークラブを訪問したのですが、クラブ員は５５０人いると言われました。天然芝のピッチを2面持っていて、フットサルコートもあって、クラブハウスも自前でしっかり持っていました。クラブハウスは、競技以外でも披露宴などに有料で活用して収益を確保しています。毎週試合をやるのですが、観戦者200～300人のチケット代が一人2ユーロ。観戦者は、ビールを購入して、飲みながら観戦します。その販売益。これらで年間1000万円ぐらいの収入を得ています。創設92年目ということで、日本とはクラブの歴史も全然違います。補助金は受けていません。スポーツにはお金がかかるという認識があって、自前で運営していく。こうした伝統あるクラブから学ぶ必要があるのではないかと思います。ちなみにそのサッカークラブはその村での最大のクラブではないんです。最大のクラブはハンドボールクラブ。700人のクラブ員がいるそうです。サッカーとハンドボールで村の半分の人数を占めていることに驚きました。

友添　こんな言い方をすると古いとおしかりを受けそうですが、外国から学ばなければならない点は日本のスポーツにおいてまだまだいっぱいあると思います。グラスルーツのスポーツの在り方からトップスポーツの在り方まで、全体的に真摯に外国から学ぶ時期に来ているのではないかと思います。

望月　日本では大人の働き方に問題があるのではないでしょうか。ドイツではサマータイムを採用していることもあって、夏は夕方の4時や5時ぐらいになるとグラウンドに人が集まりだして、午後9時頃までプレイしています。その後はクラブハウスでビール片手のクラブライフです。スポーツをやれる余裕が暮らしの中にあるわけです。私自身に「あなたは？」と問われるとちょっと辛いのですが（笑）。日本ではスポーツをしようという余裕のある人がそもそも少ないのではないでしょうか。

友添　生活の中にスポーツが根付いていないですね。根付かない理由として、日本の気候や風土、文化も含めた日本人のライフスタイルも大きな要因だと思います。つまり根本的な人の生き方が問われてきていて、スポーツを楽しむためには人間としてどう過ごしていくのかということと直接結びついていると思います。ワークアンドライフのバランスをうまくとっていくために、スポーツという大きな文化装置は重要なのではないかと思います。本日は有難うございました。

「スポーツ・インテグリティ」とは何か

―インテグリティをめぐるスポーツ界の現状から―

勝田　隆

1．はじめに

近年、スポーツにおけるドーピング、違法賭博や八百長、試合の不正操作、暴力、諸団体のガバナンス欠如などが、スポーツの価値を脅かすものとして、国内外で大きな問題となっている。これらの諸問題は、アスリートやチームはもちろんのこと、そこに関わるスタッフや所属団体など組織にも大きなダメージを与える。これは、観客動員数、競技人口の減少や関連する収益の低下などといった有形のものから組織のイメージや社会的な存在価値といった計算できない無形のものまで広範である。もちろんこれらの影響は一つの組織、競技団体にとどまらずスポーツ全体に波及することになる。このような状況下において、スポーツの価値を守るという意味から、「インテグリティ（integrity）」という言葉が、ヨーロッパを中心として用いられるようになり、その言葉と概念、そしてその名のもとに展開される活動は、昨今、国内外において広がり始めている。

このような背景を足掛かりに本項が、インテグリティ（integrity）という言葉の概念やスポーツ界の現状との関連性、さらに、スポーツの未来を見据える手がかりとなれば幸甚である。

2.「インテグリティ」という言葉について

そもそも「integrity（インテグリティ）」とは、どのような意味の言葉なのか。

辞書の記載内容をみると、「一般的に『高潔さ』『誠実さ』などと訳される英単語」であり「日本語訳が非常に難しい単語」として知られている。さらに、「ラテン語の『integer（完全な）』」という単語に由来」し「語源を辿ると、『触れられていない』『無傷な』というニュアンスの言葉（オンライン英語辞書Weblio、研究社）」であると記述されている。また、「誠実であるとともに強固な倫理原則を維持できている状態」、あるいは、「構造における統一性またはサウンドの健全な状態（オックスフォード英語辞典）」といった記述も見られる。

さらに、ＩＴ分野においては「誠実、正直、完全（性）、全体性、整合性、統合性、などの意味を持つ英単語であり、システムやデータの整合性、無矛盾性、一貫性などの意味で用いられることが多い（ＩＴ用語辞典 e-words）」との記述もある（表1参照）。

また、その言葉が用いられる領域は広範囲にわたってい

表1　辞書に見られるインテグリティという言葉の概念

①「人格の形容および特性」を表す。この場合の日本語訳には、高潔（さ）、誠実（さ）、清廉、真摯（さ）、正直（さ）、品位などが用いられている。
②「完全な状態」という概念を表す。この場合、複合要素によって構成された統合状態という概念が存在する。そして、この状態を意味する「integrity」の日本語訳としては、完全（性）、統合（性）、健全（性）、整合（性）、無矛盾（性）、一貫（性）などが用いられている。
③語源から辿ると「触れられていない」、「無傷な」というニュアンスを有する。
④日本語訳が非常に難しい単語として知られている。

る。いくつかを例示すると、マネジメント理論の第一人者として著名な、ピーター・ドラッカーは、「インテグリティ」の定義が困難であることを指摘し、「経営管理者が学ぶことのできない資質、習得することができず、もともともっていなければならない資質がある」「それは、才能ではなく真摯さ（インテグリティ）である」と述べている(1)。

加えて、「インテグリティの本来的な意味は『言うこと』と『行うこと』が一貫し、そこにぶれが無いということ（高巌）(2)」、あるいは「インテグリティが、人間としてのぶれない軸をつくる（ヘンリー・クラウド）(3)」といった概念も見られる。

さらに、情報技術の分野においては、インテグリティは「システムやデータの整合性、無矛盾性、一貫性などの意味で用いられることが多く、装置の障害やソフトウェアのバグによって内容が失われたり、外部の攻撃者によって改ざんされたりすると、インテグリティが損なわれることになる（IT用語辞典e-words)」といった人間性や人格を示すそれとは異なる概念も見られる。

このように「integrity（インテグリティ）」という言葉は、日本語訳が非常に難しい単語であることはここに示したとおりであるが、いずれにしても、この言葉は、品格や高潔性、真摯さや正直さといった人間の人格や行動の根幹を成す重要な資質を意味する言葉であり、また、（システムやプログラムの構造を含む）組織の機能やあり方が健全に保たれている状態を意味する言葉と捉えられる。

3．スポーツ界における インテグリティの捉え方

それでは、スポーツ界において「インテグリティ」は、どのような概念として捉えられているのだろうか。

筆者による文献調査では、国内外のスポーツ・体育分野における「インテグリティ／integrity」を表題に含む文献は、「倫理／ethics」や「価値／value」を表題に含む文献と比較して数的に少ない可能性が示唆されている。また、これまでに発表されたインテグリティに関する文献を概観すると、近年、違法賭博や、ゲームの不正操作、八百長、贈収賄に関する文献の数が年々増加している傾向などが見られている。

このような傾向を踏まえ、ここでは、海外の文献に見られる概念や定義について、オーストラリアの二つの研究機関の調査を紹介したい。

この二つの文献を取り上げた理由は、スポーツにおけるインテグリティの概念について過去の文献も含め、整理および紹介されており、また、双方とも比較的新しい文献である（２０１０年以降に発表されている）という点である。

一つ目は、アデレード大学の研究機関である「Adelaide Research & Innovation」から２０１１年に発表された「Integrity in Sport Literature Review」という調査報告書である(4)。この報告書では、インテグリティの定義に関して「インテグリティとは、①お互いの存在の尊厳の尊重のための規律、②我々のモラルのための意思決定に責任を持つこと、という作用し合う2つの側面を持つことである」といったMasonによる定義や、「インテグリティとは、次の３要素—公正、責任、敬意を持つことである」というMcNamaraによる定義などを紹介している。

二つ目の文献は、オーストラリア保健省（Ministry of Health）内のユニットである「National Integrity of Sport Unit（NISU）」の報告書である(5)。

これは、２０１３年11月に行われた「Sport Integrity Workshop」の報告であり、その中に「What is 'Sports Integrity'（スポーツ・インテグリティとは何か）」という項目がある。ここには、スポーツにおけるコミュニティの信頼を高める倫理と価値観として、「非合法な増強や外部からの影響に左右されない、公明で誠実なパフォーマンスと結果」、「競技場の内外における、スポーツ大会とスポーツ全体の評判と名声を強化するアスリート、管理者、関係者、支持者、そして他のステークホルダーによるポジティブな振る舞い」などが挙げられている。

次に、国内外のスポーツ関係組織におけるインテグリティに関する概念について紹介する。

まず、国際オリンピック委員会（以下「ＩＯＣ」）は、「倫理規程（IOC Code of Ethics, 2012）」の中に「integrity」という項目を設けている。ここには、主にオリンピック関係者やその代理人、または関係するメンバーに対して求める規範が記述されている（ＩＯＣ倫理規程 Ethics 2012 年版・英和対訳、ＪＯＣ）。

また、スポーツにおけるコーチング教育関係者が連携し、「職業」としてのコーチの地位や、その知識・技能育成の枠組みに関する国際的な整備・向上を目指す国際非営利団体として設立された「国際コーチングエクセレンス評議会（ＩＣＣＥ：International Council for Coaching Excellence）」は、「integrity」を、「Codes of Conduct for Coaches（コーチのための行動規範）」の「7つの原則」の一つとして示している。ここには「（インテグリティは）自身の価値観や行動に忠実であること。ロールモデルとして行動すること」と謳われている。

この行動規範で示されているインテグリティ以外の原則は、「Competence：能力、権限」「Trustworthiness：信頼性」「Respect：尊敬」「Fairness：公平性」「Caring：思いやり」「Responsibility：責任」である。

一方、国内においては、日本スポーツ振興センター（以下「ＪＳＣ」）のスポーツ・インテグリティ・ユニットが、スポーツにおけるインテグリティについて「スポーツが様々な脅威により欠けるところなく、価値ある高潔な状態」と定義化している。同ユニットは、日本のスポーツ界において、初めてスポーツ・インテグリティに関わる活動を公的かつ組織的業務として行うことを目的として設置された部署でもある（図1）。

この他、国際ラグビー連盟（ＷＲ：WORLD RUGBY）が、ラグビー憲章において示している「品位（Integrity）とは、ゲームの核をなすものであり、誠実さとフェアプレーによって生み出される。」といったゲーム上での定義もある(6)。

このように、スポーツにおけるインテグリティの概念を概観すると、関係する人間の「行動規範」あるいは「（ある活動が）価値を創出する状態」、または「ゲームにおけるフェアプレー」など、組織や活動によっていくつか異なった捉え方がある。これは、前述した「辞書にみられるインテグリティという言葉の概念」と軌を一にしたものであると考えられる。

今後、スポーツにおけるインテグリティの概念の整理および定義づけを進めることは、スポーツの今日的な課題を浮き彫りにするとともに、その概念を広く社会と共有化するためにも極めて重要な課題であると言えるだろう。

4. スポーツ界におけるインテグリティをめぐる今日の状況

現在、インテグリティをめぐり、どのような問題がスポーツ界に起こっているのであろうか。また、それらの問題から導き出される負の影響も含め「危惧」されることとはどのようなものであるか、今日的な事例や報道から考えてみたい。

サッカー日本代表アギーレ監督が八百長に関与したとの疑いにより、日本サッカー協会（以下「ＪＦＡ」）が契約解除したこと（２０１５年）は記憶に新しいところで

JSC・スポーツ・インテグリティ・ユニット」の取り組み

本来、スポーツには人々を幸福にし、社会を善い方向に導く力があるといわれています。スポーツが本来持つ力を発揮するためには、その前提として、スポーツの「インテグリティ」が守られていることが重要。

しかし、スポーツ界にはいま、ドーピングや八百長、スポーツ指導における暴力、ハラスメント、ガバナンスの欠如など「インテグリティ」を脅かす様々な問題がある。

概念

・「インテグリティ」とは、高潔さ・品位・完全な状態、を意味することば。
・スポーツにおける「インテグリティ」とは、
「スポーツが様々な脅威により欠けるところなく、価値ある高潔な状態」を指す。

ユニット設置の背景

平成25年に行われたJSC法改正（JSC法第15条6項）に伴い、「スポーツを行う者の権利利益の保護、心身の健康の保持増進及び安全の確保に関する業務、スポーツにおけるドーピングの防止活動の推進に関する業務その他のスポーツに関する活動が公正かつ適切に実施されるようにするため必要な業務」が新たに加えられたことを踏まえ、平成26年4月より「スポーツ・インテグリティ・ユニット」を設置し、スポーツにおける八百長・違法賭博、ガバナンス欠如、暴力、ドーピング等の様々な脅威から、Integrity of Sport（スポーツの健全性・高潔性）を護る取り組みを実施している。

取り組みの現状

◆IOCやWADAを始め、昨今の国際スポーツ界においては、Integrity of Sportを護ることが最重要課題の一つと位置付けられている。公的機関による刊行物や学術文献等において、Integrity of Sportを脅かす存在として、様々な要因が挙げられている。

◆JSCではアンチ・ドーピング、スポーツ相談（暴力事案への対応)、くじ調査（違法賭博、八百長行為対策)、ガバナンス（スポーツ団体のガバナンス強化）の4つのグループを設け、モニタリング・調査、啓発・防止活動等を実施している。

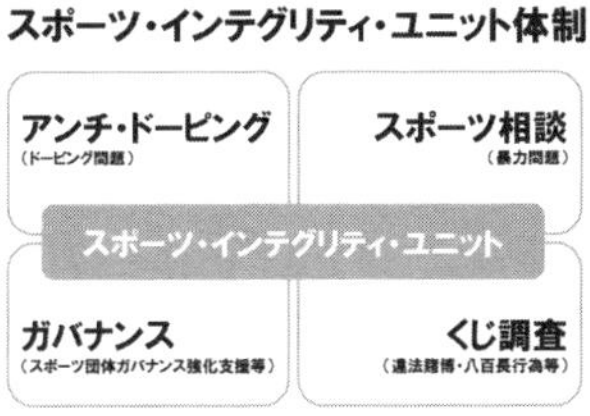

◆具体的な取組みとして、国際サッカー連盟（FIFA）との連携・協働に基づく啓発活動などが挙げられる。平成26年6月7日に各分野における専門家によるシンポジウムを行っている。

◆今後の事業計画として、インテリジェンスを活用したアンチ・ドーピング活動、スポーツ相談窓口の普及、国際的な違法賭博・八百長対策の動向調査、スポーツ団体に対するガバナンス強化支援等が挙げられる。

JSCホームページ等の記述などから勝田が作成

図1　日本スポーツ振興センターの取り組み

あろう。また、大阪市立桜宮高校体育教諭による体罰問題（2012年）や、柔道日本代表チーム指導者の暴力的行為（2012年）、スポーツ団体の経理処理等における不正受給の発覚、バドミントンのトップ選手が外部者から八百長を持ちかけられたとの報道(7)やロシアで国を挙げたドーピングが行われている疑いがあるとのドイツ公共放送ARDによる報道、あるいは、イングランドのプロサッカーチームのサポーターたちの人種差別発言行動(8)など、昨今、インテグリティをめぐる問題は後を絶たない。

その中でも、特に、不正賭博に関連する問題は、極めて大きな国際問題となっている。

2014年5月、フランスのパリにて開催された国際スポーツ安全センター（ICSS）主催の国際フォーラムにおいては、「世界中のスポーツにおける80%のスポーツ賭博は違法」であり「そのうちの53%はアジア」で起こっていると報告されている(9)。

また、2013年5月、ドイツのベルリンにおいて開催された「第5回体育・スポーツ担当大臣等国際会議（MINEPS）」では、「スポーツのインテグリティを守る(Preserving the Integrity of Sport)」がメインテーマのひとつであった。この会議に出席した日本アンチ・ドーピング機構（以下「JADA」）の浅川は、議論の背景に「①国際的犯罪組織の関与する不正賭博、八百長ドーピングなど、スポーツの価値をおとしめる行為が大きな脅威となっている。②それら不正行為が、犯罪組織の資金源となっている。③スポーツ界、政府、公的機関等が国際的連携のもと対策を講じることが求められている」といった3つの論点があったと報告している(10)。

ICSSおよび浅川の報告から、不正賭博や八百長などに関して組織犯罪の関与と広がりが、国際的に憂慮されるべき大きな問題となっていること、そして、そのような状況から「スポーツを守る」ためには、国レベルの取り組みが必要とされる状況を読み取ることができるだろう。

ところで、インテグリティを脅かす問題は、当該者や当該組織、そしてスポーツ界に対してどのような負の影響を与えるのだろうか。いくつかの事例を紹介する。

例えば、自転車競技の国際的ロードレースである「ツール・ド・フランス」は、チームによる組織的ドーピング違反から、大会スポンサーや出場チームのスポンサーが相次いで撤退した。自転車競技が盛んなドイツにあっては、同様のドーピング問題によって国内放映権を購入していたテレビ局が2011年から放送を撤退する事態となっている

(2015年に再開予定)。

また、全日本柔道連盟においては、日本代表チーム指導者の暴力的行為などの問題が起こった翌年(2013年度)の会員登録人数が、過去最少の16万9333人に減ったという。この報道によると、前年から減った6207人のうち約4000人が小中学生であったという(11)。

一方、サポーターによるインテグリティを脅かす行為が、競技や関係団体に大きな損害を与える事例も報告されている。一例を紹介すると、2014年、サッカーJリーグにおいて、浦和レッズのサポーターグループの一部メンバーが「JAPANESE ONLY(日本人限定)」と書かれた人種・民族差別を想起させる横断幕を掲げたことに端を発して、2014年3月23日の清水エスパルス戦が、Jリーグ初の無観客試合となった。この無観客試合による浦和レッズへの直接的な損害は、およそ2億円にも昇るとの試算もある(12)。

図2は、前述したJSCスポーツ・インテグリティ・ユニットが示している「スポーツのインテグリティを脅かす要因の一例」であり、同ユニットは「スポーツ界にはいま、ドーピングや八百長、スポーツ指導における暴力、ハラスメント、ガバナンスの欠如など、『インテグリティ』を脅

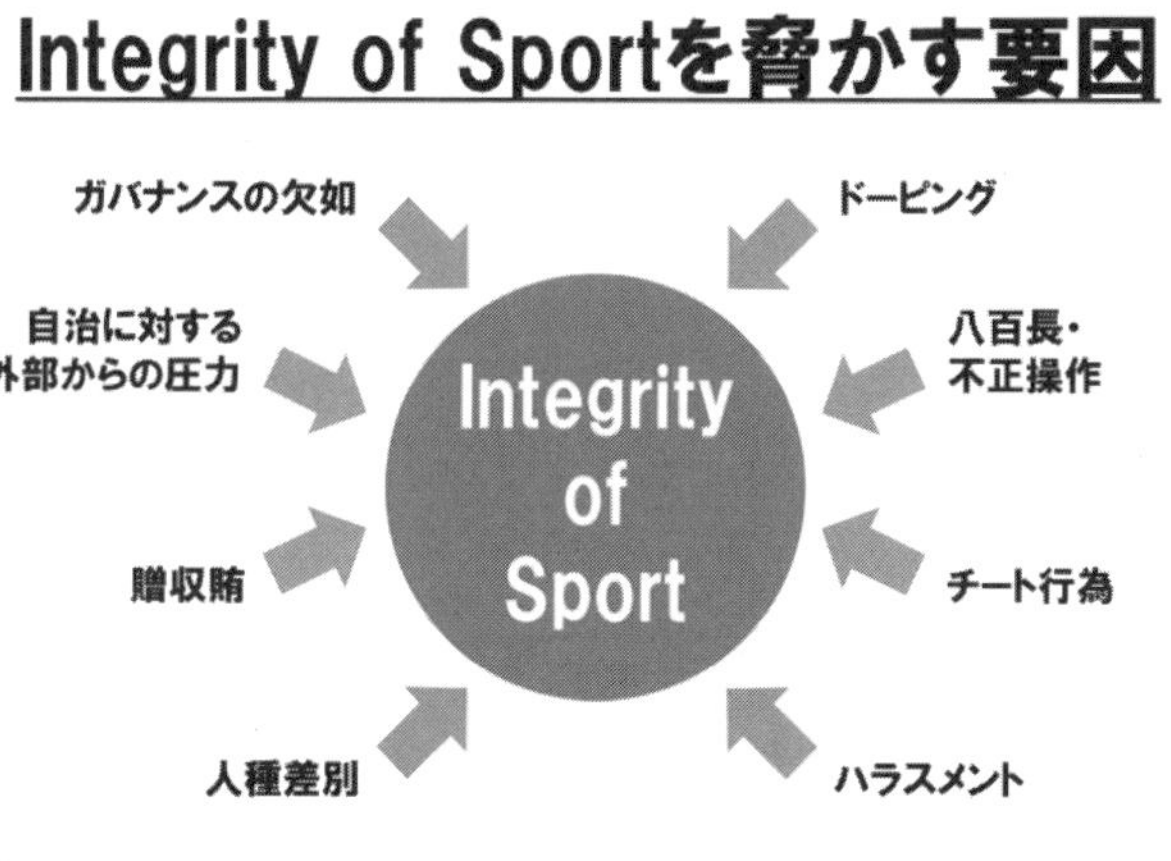

図2　JSCが示すIntegrity of Sportを脅かす要因

かす様々な問題がある」とスポーツの現状について言及している。

また、表2は、「スポーツのインテグリティを脅かす代表的要因」を、スポーツを「する」「みる」「ささえる」などの関わりの観点から分類化したものである。

この図と表とを併せ、これまで述べてきたことから、「スポーツのインテグリティを脅かす要因の主体者は、アスリートやコーチだけではない」ということを再認識することが必要だ。

そして、八百長やドーピングといったスポーツの価値を根底から揺るがすような問題への対処は、今、世界的な規模で、かつスポーツに関わる様々な層において、取り組むべき状況にあると、私は強く考えている。

5.「インテグリティを守る」取り組みの現状

これまで述べてきたような状況に対して、国際社会において、どのような取り組みが開始されているのだろうか。その代表的な事例を紹介したい。

国連は、2000年ミレニアム開発目標を発表した際に、スポーツは社会開発に貢献できることを謳い、そして、ス

表2　スポーツ・インテグリティを脅かす要因から見た分類

分類1	「関わり」の次元	する	支える	みる
分類2	「行為主体」の次元	アスリート	コーチ、審判 医科学支援スタッフ スポーツ団体 メディア 保護者 その他（アントラージュ）	観客 サポーター 視聴者
分類3	「活動の場」の次元	コート内、コート外		
分類4	「脅かす要因」の次元	ドーピング 不正受給、不正行為、人種差別、八百長、チート行為 暴力・ハラスメント ガバナンス欠如、汚職、不正な組織的圧力　その他		

Tomozoe & Katsuta 2014

ポーツの価値を体現するためには、「Integrity of Sport」が、確保されていなければならないと説いている(13)。

また、IOCは、2014年12月の臨時総会において採択された実施競技選定の見直しやオリンピック憲章の改定を含む中長期的改革案「アジェンダ2020」において、「アンチ・ドーピング活動をより一層推進・主導し、クリーンなアスリート、クリーンなスポーツ、そしてスポーツにおけるインテグリティを守り育むといった、様々な試合の操作や関連するスポーツにおける汚職に対し、対抗策を講ずる」と、IOCの役割と責務をより明確にした(14)。この憲章改正に先立ち、IOCは、2014年9月に国際刑事警察機構(以下「INTERPOL」)と、スポーツの不正な賭けに絡んだ八百長に対して連携・強化する覚書を締結し、インテグリティを守る具体的行動も進めている。

一方、IOCとの連携を結んだINTERPOLも、スポーツの不正や汚職といった犯罪の根絶の支援を目的とした「Integrity in Sport Unit」を設置している(15)。このユニットは、スポーツ・インテグリティ・ワークショップなども開催しており、日本では、2013年7月、INTERPOL東京支局とJFAとのパートナーシップ体制の下、「サッカーにおける八百長および汚職問題に対処するための取り組み」をテーマに、このワークショップが行われている。

加えて、INTERPOLと同じ国際的な警察組織である欧州刑事警察機構(以下「EUROPOL」)の取組みも紹介する。2013年2月6日にEUROPOLは、ヨーロッパ各国警察等と合同で調査を実施し、「サッカーの試合において、国際的かつ組織的な違法賭博とそれに関連する不正な試合操作(Match-fixing)が行われている疑いがある」と伝えている(16)。

さらに、世界アンチ・ドーピング機構(以下「WADA」)は、2013年6月、WADA、JADA、および日本製薬団体連合会(FPMAJ)の三者において、スポーツの価値を守るための活動(公式発表では、Development of Integrity of Sportと記載)を共同で推進することを目的として共同宣言の調印を行った。これに関連してJADAは「ドーピング問題がパブリックヘルスに関する重大な社会的課題であるとの認識を共有し、これに関する対策を講じることにより、スポーツの完全性(Integrity of Sportと記載)を保証し、公正・公平なスポーツの発展に寄与することを目的としています」と述べている(17)。

次に競技団体の事例を取り上げる。

2014年11月に設立以来の名称(International Rugby

Board :IRB）を「World Rugby」と変更した「国際ラグビー連盟（以下「WR」）」は、それにともない、ホームページ上に「integrity」というサイトを設置した。このサイトは、団体名称変更前（IRB時代）は、「Keep Rugby Onside-The IRB's Anti-Corruption」と表示されていたものであり、八百長や不正行為の危険性などに関する情報提供を行う専用のウェブサイトである。サイト上には「ラグビー選手でいたいなら、刑務所に行きたくないなら、自らラグビー賭博をしたり、①自分の代わりに他の人に賭けを頼んだりしない、②意図的にベスト以下のプレーをしない、③機密情報をもらさない、④疑わしいケースは知らせる」といったインテグリティを守るために求められる競技者自身の自発的行為が示されている(18)。

最後に国内の取り組みについて紹介する。

JSCが、2014年より、スポーツ・インテグリティ・ユニットを設置し、スポーツの根幹を否定する脅威（暴力、ハラスメント、ドーピング、八百長・違法賭博、ガバナンス欠如等）に対して「スポーツを守る」というスローガンのもと業務を開始したことは、前述した（図1参照）。

このユニットの設置についてJSCは、「スポーツ団体のガバナンス欠如による不正経理などを契機として、このユニット設置に至った経緯があり、助成・給付業務の不正防止の仕組みの充実や、受給団体のガバナンス強化を図ることを事業の重要な目的」のひとつとして位置づけている。同ユニットでは、「国内情勢の調査、モニタリング・評価の充実」「調査、モニタリング・評価に基づく防止活動の促進」「国際協調（WADA、EPAS等）」「情報集約・共有」といった具体的方策などの取り組みについても検討を進めている。

一方、文部科学省は、スポーツ指導者の暴力問題を重大視し、2013年「スポーツ指導者の資質能力向上のための有識者会議」を設置した。そして、この会議の提言を踏まえ、2014年「コーチングの改善・充実のための連携した取組を推進するための協議会（コーチング推進コンソーシアム）」を設置し、「新しい時代にふさわしい、正しいコーチングを実践することを通して、スポーツそのものの価値やインテグリティ（健全性）を高める」ことを含めた宣言文（「グッドコーチに向けた『7つの誓い』」）を策定している(19)。

この他、国内の取り組みには、JFAの八百長防止に向けて関係機関との連携を図る「インテグリティ協議会」およびその具体的施策を実行する「インテグリティプロジェクト」の設置などがある。またＪＦＡでは、２０１１年より、違法なスポーツ賭博による「試合操作」（審判、選手の買収など）の可能性を検出して警告するシステムＥＷＳ（Early Warning System）の導入も行っている(20)。

以上、「スポーツ・インテグリティを守る」国内外の取り組み事例を列挙したが、今後、このような組織的な取り組みは、国内外問わず急速に広がっていくものと予測される。

6．まとめにかえて

大規模な組織的テロ行為や国境を巡る争い、金融危機、19世紀から20世紀にかけて人類の英知が築きあげてきた様々な秩序が不安定さを露呈している。

このような国際社会の状況がスポーツに対しても甚大な影響を及ぼすことは明らかであろう。具体例を示せば、「過激派組織ＩＳ（イスラミックステート）」の関与するテロ事件発生後、渡航注意地域への海外遠征中止が相次いでいる。このような状態がさらに続き、拡大化すればオリンピックやパラリンピックといった大規模な国際大会といえどもその存立を脅かされることになりかねない。

このような状況を脱却するためには、多くの人々の行動変容が必要不可欠となる。肯定的な方向性を持つ行動変容を下支えするものが、人間の尊厳や公平性の尊重、平和の希求といった人類全体が共有すべき「善き理念」なのではないだろうか。この「善き理念」を俯瞰すれば、私が本稿において様々な角度から論じてきた「インテグリティ」という言葉に像を結ぶことができるのではないか、というのが私の見解である。

今日、世界を取り巻く情報化やグローバル化は多様な思想、価値観、思考様式の混在を許し、一方でその綻びが紛糾や軋轢の温床となる。ただ、この世界的な動向は多くのものがそうであるように功罪を合わせ持っている。つまり、情報化、グローバル化は、これまで述べてきた「インテグリティ」を人々が共有し、それを社会に浸透させるための大きな力ともなり得るということである。

自らの真摯さや誠実さ、健全性や高潔性を問うとともに、人間の集合体としての組織の、そして社会のインテグリティをも問い続ける姿勢こそが、人間社会の安定と安心の基盤を成すものと考える。

今、私たちが熱い思いを持つスポーツの祭典、オリンピックやパラリンピックも、19世紀から20世紀にかけて世界の人々の英知によって形作られてきたものである。その柱となる「オリンピズムの根本原則」には、「オリンピック憲章に規定される権利と自由の享受は、人種、肌の色、性別、性的指向性、言語、宗教、政治や他の見解、国又は社会的な出自、財産、家柄又はその他の地位などのいかなる形態の差別なく、保障されるものとする。」との理念が謳われている。このことはスポーツがインテグリティを内包するばかりか、それを具現化するための一つのキーワードであることの証左となろう。

２０２０年に開催されるオリンピック・パラリンピックを、高潔さを堅持し、公平さを保証する大会にすることは、日本に対する世界の信頼と期待であり、また日本が世界と交わした約束でもあると、私は考えている。その実現に向けた具体的な取り組みのために、「インテグリティ」は、ホスト国が高く掲げるべき旗印となる。それとともに、この「インテグリティ」が完全に保たれる大会を開催するためのムーブメント、これに実効性を持たせるためのシステムの構築と、その確実な駆動、これらは２０２０年の大会の大きなレガシーとなるだろう。

ピーター・ドラッカーが「integrity」の定義の困難性を指摘していることはすでに述べた。この言葉に関しては、多くの識者が、定義と訳の困難性について言及している。しかし、言葉には力がある。人を動かし、社会を動かす力がある。私たちは言葉が強い影響力を持つことを折に触れて経験してきている。まずは、これまで再三その意味や意義について考えを巡らせてきたインテグリティという言葉の持つ力を信じ、それに興味の指針を向け、しっかりと向き合うことが重要であると、私は考えている。

（国立スポーツ科学センター副センター長）

【引用文献】

（1）ピーター・F・ドラッカー：上田惇生訳「現代の経営・上」／「現代の経営・下」ダイヤモンド社、２００６年。
（2）高巌「誠実さ（インテグリティ）を貫く経営」日本経済新聞社、２００６年。
（3）ヘンリー・クラウド（中嶋秀隆訳）「リーダーの人間力 人徳を備えるための6つの資質」日本能率協会マネジメントセンター（２０１０）。
（4）Integrity in Sport Literature Review (Mandy Treagus, Rob Cover, Christine Beasley).The University of ADELAIDE. 2011
（5）Update on Sports Integrity. National Integrity of Sport Unit. Sport Integrity Workshop. Adelaide 27 November. 2013
（6）International Rugby Board. ラグビー憲章：World Rugby Union. http://laws.worldrugby.org/?charter=all
（7）バド選手「八百長誘われた」デンマークから来日、昨年東京

で。http://www.47news.jp/CN/201501/CN2015012801001353.html
(8)チェルシーのサポーターが再び人種差別発言か…英電車内での行為を警察が調査開始。
http://www.soccer-king.jp/news/world/eng/20150303/286674.html
(9)International Centre for Sport Security. (2014).
http://www.theicss.org/sport-integrity-forum/
(10)浅川伸「アンチ・ドーピング~日本の現状・世界の潮流~」日本アンチ・ドーピング機構。
(11)産経スポーツ、登録人数、小中学生が大幅減(2014年6月16日)。
http://www.sanspo.com/sports/news/20140616/jud14061619200001-n1.html
(12)並木裕太:「無観客」の経済損失は約3億円!浦和の年間利益を超す、その内訳は?
Number web, http://number.bunshun.jp/articles/-/806039?page=4
(13)Sport for Development and Peace. United Nation.
http://www.un.org/wcm/content/site/sport/home/sport
(14)Agenda 2020. Legal impact: Amendment to the Olympic Charter: Mission and Role of the IOC.
(15)INTERNATIONAL CRIMINAL POLICE ORGANIZATION. NEWS AND MEDIA(2012年7月14日). INTERPOL.
http://www.interpol.int/News-and-media/News/2012/PR053
(16)European Police Office. Press releases:Media Corner:EUROPOL. 2013年2月6日.
https://www.europol.europa.eu/content/results-largest-football-match-fixing-investigation-europe
(17)日本アンチ・ドーピング機構、JADAニュースリリース、2013年6月16日。
http://www.playtruejapan.org/info/20130626/
(18)World Rugby.(2013). KEEP RUGBY ONSIDE:World Rugby.
http://www.irbintegrity.com/?&language=en
(19)新しい時代にふさわしいコーチングの確立に向けて~グッドコーチに向けた「7つの提言」文科省、2015。
(20)JFA Today:
http://www.jfa.or.jp/jfa/jfatoday/2013/02/-ewsfifa-early-warning-system-fifa.html

特集　スポーツ・インテグリティーを考える──スポーツの正義をどう保つか

スポーツにおいてなぜ倫理的問題が発生するのか

川谷茂樹

はじめに──スポーツという「問題」

スポーツという活動が多くの人々に希望や活力をもたらしている一方で、そこに大小さまざまな倫理的問題（人間の行為の正邪にまつわる問題）が存在することは、今や誰の目にも明らかである。ドーピングをはじめとして、八百長、暴力（体罰）、暴言、反則、誤審、「勝利至上主義」……。私は、スポーツにおいてこうした厄介な問題は必然的に発生すると考えている。その発生源は大きく言って二つある。一つは、日常倫理とスポーツとの緊張関係、もう一つはスポーツそれ自体である（1）。

倫理的問題の発生という事態は、スポーツの何らかの本質がたまたま損なわれた結果、ないしそれから逸脱した結果生じた異常事態ではない。だとすると、スポーツの倫理をめぐる議論においても無自覚かつ暗黙裡に踏襲されてしまいがちな、「さまざまな不純物ないし攪乱要因によって汚染され、歪められてしまったスポーツの純粋な姿（インテグリティー）を回復すべし、取り戻すべし」といった図式も、所詮（ロマン主義的・疎外論的）幻想でしかないだろう。繰り返すが、スポーツにおいて、倫理的問題は必然的に発生する。それどころか、ひょっとすると、スポーツそのものが一つの倫理的な「問題」だと言うべきなのではないか(2)。

二つのスポーツマンシップ

われわれの日常生活を司るさまざまな規範を総体として「日常倫理」と呼ぶなら、スポーツはその日常倫理との関係において、往々にして葛藤を生む。まず、いわゆる「スポーツマンシップ」について。スポーツではルールの範囲内の行為であっても「スポーツマンシップに反する」として道徳的・倫理的に非難されることがある。この場合の「スポーツマンシップ」とは、一言で言えば互恵的ないし利他的な原理である。言うまでもなく、ここには極めて雑多な内容が含まれる。正々堂々・他者へのリスペクト・思いやり・礼儀等々である。たとえば「相手の弱点を執拗に攻める」といった行為は、この意味でのスポーツマンシップを欠くものとみなされ、逆に「相手の弱点を敢えて攻めない」といった行為がスポーツマンシップに則ったものとみなされることがある(1984年ロス五輪柔道無差別級決勝のモハメド・ラシュワン)。

だが、対面型スポーツにおいて相手の弱点を攻める行為は、勝利の追求の一環として必要不可欠である。つまり、勝利のために相手の弱点を攻める行為は競技者として当然とも言える。「スポーツマンシップ」が「競技者としてあるべき姿」のことなのであれば、そうした行為も「スポーツマンシップに則っている」と見なすこともできる。この意味でのスポーツマンシップ(勝利の追求)は、右のいわば「道徳的」スポーツマンシップとは異なる、スポーツ独特の原理である。これを「スポーツ的スポーツマンシップ」と呼ぶならば、このスポーツマンシップと道徳的スポーツマンシップは原理的に対立する。後者がスポーツの外側(日常倫理)から競技者に対して課せられる原理であるのに対し、前者はスポーツそのものがその参加者である競技者に課す原理だからだ。前者はスポーツ内在的原理であり、後者はスポーツ外在的原理である。前者は競技者としての競技者のあるべき姿を示し、後者は人間としての競技者のあるべき姿を示すと言ってもよい。

ここで興味深いのは、競技者として(の競技者の)あるべき姿と人間として(の競技者の)あるべき姿は必ずしも一致しないということだ。競技者として大事なことと、人として大事なことが一致しない場合がある。この基本的事実が競技者や指導者に葛藤を生み出す。山口香氏は指導者としての「ジレンマ」を率直に吐露している。

> 選手を指導する過程のなかでジレンマを覚えるのは、性格の良いことを褒めるわけにはいかないことである。例えば柔道で相手の足を蹴ってしまい、相手が痛がったとしよう。こんなときに「ごめんね、大丈夫？」と相手に言ったとしたら、私は叱るべきか、褒めるべきか。教育者としては相手を思いやったことに対して褒めるべきだろう。しかし、こういった場面で私は叱ることのほうが多い。(原文改行)「相手が痛がったら、知らぬ顔をしてもう一度蹴るぐらいの根性が大事」(原文改行)これは言い過ぎだが、けれども、すかさず次の技をかけて仕留めてしまうぐらいの気の強さが競技には必要なのである。性格の良さを褒めてあげられないのはジレンマだが、強い選手をつくるとはこういうことだ。こうやってチャンピオンたちは知らず知らずのうちに自分の優しさを切り捨てていかざるを得ない。(山口(2013)、87頁)

このように、競技者の同じ一つの行為について、相対立する倫理的評価が可能である。相手の弱点を執拗に攻める行為は道徳的スポーツマンシップには反するかもしれないが、スポーツ的スポーツマンシップには合致している。つまり、人としては正しくないかもしれないが、競技者としては正しい。逆に相手の弱点を敢えて攻めない行為は、道徳的スポーツマンシップには合致しているかもしれないが、スポーツ的スポーツマンシップには反する。つまり、人としては正しいかもしれないが、競技者としては正しくない。そして、この相対立するどちらの評価も「正しい」。換言すると、どちらの評価が「ほんとうに」正しいのかを決定しうる、より高次の審級は存在しない。ここに現出しているのは、「よいは悪いで、悪いはよい(Fair is foul, and foul is fair)」(シェイクスピア『マクベス』における魔女たちの呪文)という事態である(3)。

日常倫理とスポーツ

道徳的スポーツマンシップの根底には日常倫理が存在する。日常倫理の存在意義とは思い切って煎じ詰めると、他者との平和共存である。一方スポーツは勝負事であり競争であり、闘いである(4)。平和共存のためになすべきこと(倫理)と、闘いの場においてなすべきこと(倫理)は当然異なる。二つのスポーツマンシップの対立の根底には、日常倫理とスポーツ倫理のこうした原理的な対立が存在する。したがって、両者の統合・融和（インテグレート）は原理的に不可能である。

日常倫理の側から見れば、スポーツの存在そのものが、インテグレートしがたい大変困った代物である。したがって、日常倫理のインテグリティー（純粋性）を貫徹しようとすると、最終的には、闘いとしてのスポーツそのものを否定せざるをえなくなる。道徳的スポーツマンシップは日常倫理の側からスポーツに課せられる原理であるが、完全にスポーツを支配することはできない。完全な支配（インテグレート）に成功するのは、スポーツそのものが終焉を迎えるときに他ならない。だが、そのときは道徳的スポーツマンシップ自体、同時に消滅するだろう。

翻って現状は、日常倫理とスポーツという原理的に相対立する領域がせめぎ合っているという状態である（二つのスポーツマンシップの対立は氷山の一角に過ぎない）。もちろん、この緊張関係がはっきりと可視化されたのは比較的最近のことだが、それはスポーツという現象の巨大化によるものであって、以前はたんに目立たなかっただけのことである。つまり、スポーツというものが存在するかぎり、それは日常倫理との緊張関係を避けることができない。

ボクシング

ある意味でそれを最もはっきり示しているのが、（プロ）ボクシングという暴力的スポーツである。ボクシングは、競技の存在そのものが常に道徳的に問題とされてきたという点で、類い稀なスポーツである。言うまでもなく、他者を殴ることは、日常倫理においては容認されない。ではなぜ、他者を殴るという暴力的なスポーツが存在しているのか。これもスポーツそのものの論理によって理解することができる。

スポーツが勝負事であり闘いであるならば、他者に害悪を与えることははじめから織り込み済みである。どんなに優雅で美しいスポーツであっても、それが勝負事であるかぎり、誰でも他者に敗北を与える可能性があるからだ。そして勝利を追求する競技者にとって、敗北はマイナスの価値、すなわち端的な害悪である。「勝利の追求」（スポーツ的スポーツマンシップ）とは裏を返すと、「相手に敗北という害悪を与えることを追求する」ことである。故意に他者に害悪を与えることは、仮に肉体的暴力を伴わないとしても、広い意味で暴力的な行為である。したがって、自分の行為によって他者が結果的に害悪を被ることを完全に拒否する者、その意味でまったく暴力的でない者は、どんなに身体能力が優れていたとしても、スポーツ的スポーツマンシップが欠如しているので、スポーツに参加することはできない。つまり、ある程度は暴力的でないとスポーツはできない。

勝負事であるすべてのスポーツは、敗北という害悪を必然的に生みだす。つまり、誰かが敗者にならざるをえないという点で、一見したところまったく暴力的でないスポーツも含めて、本質的・潜在的に暴力的である。スポーツは他者に積極的に害悪を与える営みであり、「他者に害悪を与えてはならない」という日常倫理の基本原則を共有していない(5)。それはもちろん先述のとおり、スポーツが勝負事であり、闘いだからである。つまり、スポーツには、日常倫理における最も基本的な原理である、他者危害原則(J・S・ミル『自由論』)そのものが存在しない。したがって「他者に肉体的な危害を加えてはならない」という下位原則も帰結しない。

だからこそ、相手を殴り倒すという暴力そのものをスポーツとして競うこともできる。言い換えると、日常倫理と原理的に相反するボクシングのようなスポーツが、まぎれもないスポーツとして存在しうる。もし暴力とスポーツが内在的に相容れないものであったとすると、ボクシングのような暴力的スポーツそのものが存在しえないであろう。本質的に暴力的な営みであるスポーツの内部には、暴力を否定する根拠(論理)は存在しない。ボクシングの存廃問題においても、スポーツと日常倫理との緊張関係が鮮明に現れている。

相対立するインテグリティー

今度は逆にスポーツの側から見てみよう。そうすると、(道徳的スポーツマンシップなどとして現れる)日常倫理は、スポーツのインテグリティーを脅かす存在である。たとえば、純然たるスポーツであるボクシングを日常倫理は排斥しようとする(せざるをえない)。もちろん、たとえボクシングが廃止されたところで、スポーツそのものの本質的暴力性は不動である。それゆえ、日常倫理のインテグリティーを貫徹させるための闘いは、スポーツそのものが完全敗北して抹殺されるまで決して終わらない。スポーツの死によってはじめて平和が訪れる。

日常倫理のインテグリティーを貫徹しようとするとスポ

ーツのインテグリティーが損なわれる。一方、スポーツのインテグリティーを貫徹させようとすると、日常倫理のインテグリティーが損なわれる。二つのインテグリティーは原理的に両立不可能である。

かといって、道徳的スポーツマンシップを廃棄し、日常倫理に真っ向から対抗してスポーツのインテグリティーを貫徹しようとすると、スポーツは社会的に孤立し、延いては地下への潜行ないし破滅を余儀なくされることになる。一つは、人間社会が存在するかぎり日常倫理は必ず存在するからであり、もう一つは、スポーツが不純物を排して闘いという本性を剥き出しにすればするほど、日常倫理にどっぷり浸かっているわれわれにとって、見るに堪えない場面がこれでもかと繰り広げられることになるのは、火を見るより明らかだからである。

そもそもスポーツは、日常倫理を踏みにじる「えげつない」行為が跋扈しがちな領域である。競技者は勝つために相手の弱点を攻める、意表を突く、裏をかく、相手の嫌がることをする……すべて日常倫理においては、つまり人としては「よくない」行為である。競技者はその意味で、日常倫理から逸脱する本質的傾向性を（個人的資質に関わりなく）もつ。そして、日常倫理に相反する行為に対して、われわれの「健全な」「道徳感覚」（ヒューム）は反発ないし嫌悪感を覚える。しかも、そうした行為に対する歯止めとしては、明文化されたルールだけでは力不足であるため（ルールには必ず抜け道がある）、（道徳的）スポーツマンシップやフェアプレイなどといった「建前」が必要とされる。

スポーツが自らのインテグリティーを損ないかねないそうした「建前」や「きれいごと（理想）」を、それでもなおかつ必要とするのは、スポーツのありのままの姿（現実）がそれほど美しい（fair）ものではないからである。もともと美しいものであれば、なにもわざわざ美しく飾り立てる必要はないはずだ。スポーツがややもすると、われわれ常識人にとって不快極まりない光景（スペクタクル）ばかりを提供するという危険が常に存在する。したがって、道徳的スポーツマンシップは、スポーツの自己防衛機制でもある。日常倫理のインテグリティーをあまり損なわない範囲にスポーツを押し込めることによって、スポーツのインテグリティーをある程度犠牲にしてでも、スポーツそのものの存続・延命を図るわけだ。

だが、こうした建前はやはりスポーツにとって仮面であり、その仮面を本当の姿と見誤ると、「スポーツは本来清く正しく美しい」という自己欺瞞が生まれる。これはごくありふれた思い込みだが、スポーツにおける倫理的問題の本質を見極めるためには、「スポーツは本来美しいものであるはずなのに、どうしてこんな困ったことが起こってしまうのか」という、この種の自己欺瞞に由来する問題設定自体を拒否しなければならない。倫理的問題の発生という事態を根っこのところで受け入れることができていない、そんな問題設定から出発するかぎり、われわれは自己欺瞞の上塗りを重ね続けるほかない。それは実のところ、問題の（ロマン主義的）隠蔽でしかない。スポーツはもともとフェアでもなければ、美しくもない。むしろ本質的に問題含みで、「常軌（＝日常倫理）」を逸しがちで、取扱注意の危険物なのだ。

道徳のアリーナとしてのスポーツ

以上のとおり、日常倫理とスポーツの緊張関係ないし闘いからさまざまな倫理的問題が発生するのだが、この闘いは本質的に倫理・道徳をめぐる闘いである。ニーチェは『道徳の系譜』（１８８７）において次のように述べている。

「優と劣」、「善と悪」という二つの対立する価値評価〔引用者注：「貴族道徳」と「奴隷道徳」〕は、数千年に及ぶ恐ろしい闘いを地上で繰り広げてきた。「善と悪」という価値評価が長いあいだ優勢を維持してきたのはたしかであるが、現在でもなお、まだこの闘いの決着がついていないところもある。（…）だから現在では、より精神的な性格のもの、「より高き性質」のものを見分ける決定的な特徴は、まさにこの意味での分裂のうちにあるかどうか、現実にこの対立の闘いの場となっているかどうかであるほどなのだ。（ニーチェ（２００９）、86頁。ただし訳文は少し変更した）

ニーチェに言わせれば、他者との平和共存を旨とする日常倫理、すなわち利他的なものを善、利己的なものを悪と評価する道徳は「奴隷道徳」であり、それは、強いもの優れたものを善、弱いもの劣ったものを悪とする「貴族道徳」と根本的に対立する。そうであるならば、スポーツの根本にあるのは「奴隷道徳」ではなく、「貴族道徳」である(6)。スポーツはそれ自体が身体的な競争であり闘いであるが、それに加えて、スポーツの倫理と日常倫理という二つの異なる価値評価（倫理）の闘いの現場（アリーナ）でもある。

異なる倫理同士のこの闘いを決着しうるのは、もはや倫理ではなく、現実の「力」だけである。しかもニーチェの言葉を借りれば、今なおその「決着はついていない」。倫理学（者）の役割とは、この対立のありさまを精確に見極めることであり、そのどちらかに荷担したり争いを調停することによってその緊張関係を解消することではない。調停や融和（インテグレート）や解消など、倫理学（者）にはもちろん、他の誰にもできない。

スポーツ固有の問題

　右記のとおり、スポーツにおける倫理的問題の多くは、日常倫理とスポーツ倫理との根本的な対立によって生じる。だが、そうではない問題、つまり、日常倫理との軋轢ではなく、スポーツという営為そのものが引き起こす倫理的問題も存在する。それはたとえば、ドーピングや八百長や誤審である。ここではドーピングと八百長に絞って考察する。

「ドーピング（薬物摂取による能力向上）」という倫理的問題は、スポーツと日常倫理との対立によって生まれるものではない。というのも、日常倫理においては、薬物摂取による能力向上は必ずしも倫理的に否定されているわけではないからである。何らかの薬物の力を借りて病気を治すことや体調を整えること、場合によっては、体力を向上させること等は、日常倫理的観点において問題視されているわけではない。その意味で、ドーピングはスポーツ固有の倫理的問題であると言えよう。

　また、「八百長」とは、実際の勝負に先立って、秘密裏に勝敗を決定しておくことである。スポーツ以外の場面においても、たとえば競争入札における談合は禁止されている。だが、それはやはり勝負事における八百長とは異なる。八百長が問題になるのは、スポーツをはじめとした勝負事に限られる。勝負事以外ではそもそも「八百長」そのものが成立しない。したがって八百長もまた、スポーツや勝負事に固有な倫理的問題であると言えよう。

　それゆえ、ドーピングや八百長によって日常倫理のインテグリティーが直接的に損なわれるわけではない。したがって、日常倫理的な観点からなされるドーピング批判や八百長批判は基本的に的外れである。だとすると、ドーピングや八百長の何が倫理的に問題なのか。それはおそらく、いずれもスポーツそのものに対して破壊的だからであろう。

まず、八百長がスポーツに対して破壊的なのは、「勝敗の決着による強さの決定」というスポーツの内在的目的の達成を不可能にするからである。スポーツの目的が強さの決定であるとすると、試合の勝敗は未確定でなければならない。この勝敗の未確定性、「どちらが勝つか、試合をやってみなければ分からない（やってみれば分かる）」ということが、スポーツという実践において不可欠な条件である。事前に勝敗を決定する八百長は、スポーツのこの前提条件を破壊することによって、その試合の目的の達成を不可能にする（金品の授受を伴うかどうかは本質的ではない）。八百長試合の勝者が「強い」ということにはならないからだ。

ドーピングに対しても、八百長ほど明確ではないが、同様の疑義を提出しうる。競技者が能力向上薬物を使用する目的の一つは、自分のベストパフォーマンスをできるだけ確実に発揮するためである。むろんそれによって勝利が100パーセント確実になるわけではないが、薬物の機能が向上すればするほど、それだけ勝敗の未確定性が損なわれるという想定は成り立つ。つまり、誰が勝つか、試合に先立ってほぼ確実に決まってしまう恐れがある。したがって、ドーピングは八百長ほど明確ではないが、勝敗の未確定性を毀損するという点で、スポーツに対して破壊的な作用を及ぼす可能性がある。

ドーピングという自爆装置ないし宿痾

ただし一方で、ドーピングが八百長と明確に異なるのは、それがあくまでもスポーツ的スポーツマンシップに従った結果たどりつく一つの選択である、言い換えると、勝利の追求の一環として行われるということだ。八百長試合でわざと負ける者には、スポーツ的スポーツマンシップはない。彼は勝利を追求していない（敗北を追求している）からだ。だが、ドーピングをする競技者は、あくまでも勝利を追求している。勝利をできるかぎり確実なものにするのは、競技者として当然の行為である。

ドーピングはそれゆえ、スポーツをめぐるさまざまな倫理的問題の中でも、おそらく最も深刻な問題であると思われる。それはある意味でスポーツが不可避的に生み出す問題であるにもかかわらず、スポーツそのものを破壊しかねないからである。ドーピングという行為はあまりにも純粋にスポーツ的すぎるがゆえに、スポーツに対して破壊的であるとも言えよう。スポーツのインテグリティーを貫徹しようとすると、結果的にスポーツを破滅させるという危険をドーピングは示している。ドーピングとは、スポーツという活動の中核に最初から埋め込まれていて、しかも決して除去できない地雷ないし時限爆弾のようなものなのではないか。

実際、競技者が素晴らしいパフォーマンスを披露すればするほど、「ドーピングをやっているのではないか」と疑われる時代がすでに到来している。その疑いが正しかったことが後に判明する事例にも事欠かない。これは競技者にとっても観戦者にとっても大変不幸な事態であるが、この事態を引き起こしたのは、他の何ものでもなく、スポーツそのものである。勝ちたい、優越したいという欲望はスポーツを成立させ発展させる原動力であると同時に、スポーツを自滅へと導く罠でもあるのだ。ドーピングを規制する側とそれを何とかかいくぐろうとする側のイタチごっこは、これからも続くだろう。それが終わるのは、勝負事としてのスポーツ自体が終焉を迎えるそのときなのかもしれない。言うまでもないが、スポーツが存在しなければ、ドーピングという「問題」は決して存在しえないからである。

スポーツの内憂外患

スポーツのインテグリティーを脅かし、倫理的問題を発生させる要因はスポーツの外側にも存在するが（日常倫理）、スポーツの内側にも存在する。ドーピングという、スポーツのとっておきの自爆装置もすでにその威力を発揮しつつある。スポーツがこの内憂外患の渦中で生き残っていくためには、一方で日常倫理の圧力から自らのインテグリティーを守り、同時に、あまりにも自らのインテグリティーに忠実になりすぎないようにするという、どっちつかずの中途半端な生き方以外ないだろう。純粋性（インテグリティー）を守ると同時に不純でなければならないという、この二律背反ないしアポリア。重要なことは、このアポリアからの脱出を画策することではない。そんなことは不可能なのだから。この道なき道以外にスポーツの進むべき道はない。アポリアをアポリアとして「生きる」しかない。われわれは、スポーツがいかに危うい綱渡りを余儀なくされているかを改めて自覚する必要があるのではないか。

そもそもスポーツの存在自体何ら必然的ではない。これは自明である。スポーツは今、人類の歴史上最もグローバルな規模でその繁栄を謳歌しているが、同時にその没落の徴候も顕著になりつつある。加えて、「ミネルヴァの梟は黄昏時に飛び立つ」(ヘーゲル)のだとすると、前世紀後半、スポーツがかつてのいわゆるアカデミックタブーから知的探究の対象へと「昇格」したという事実も、当のスポーツにとっては不吉な前兆なのかもしれない。

おわりに——スポーツと超越

だが、いずれにせよ、今はスポーツが「ある」。これはひょっとすると、僥倖と言うべきなのかもしれない。そもそもスポーツをその内憂外患から「守る」べきだとすれば、それはなぜなのか。われわれはスポーツにおいて、(「いい」意味でも「わるい」意味でも)「人間」が「人間」を超える瞬間(Augenblick)を目撃しうるからではないか。そしてそれは日常倫理が無効になる瞬間、「善悪の彼岸」に触れる瞬間でもあるのではないか。われわれは必ずしも人間らしい人間、「あまりにも人間的な」人間ではなく、人間らしくない人間、人間を超えた人間を見たくてスポーツを見るのではないだろうか(当然そこには怖いもの見たさという面もあるだろう)。

スポーツは(たとえば、全人格的な「修行」をその本質とする「武道」のように)人間の動物性(自然)を馴致して人間的な人間をつくるための文化ではなくて、人間が新しい動物に化けるため、人間の新しい自然を開発するための素地を整える文化なのではないだろうか。少なくともスポーツには、それが存在しなければこの世に現出することがなかった、したがって誰も見ることができなかった人間の「運動」を現出させる力がある。(日常倫理など)さまざまな「人間の限界を超え出てゆく」という特質に由来するスポーツの危険性は、その魅力と文字どおり表裏一体であって、決して切り離すことはできない。すなわち、スポーツからその危険性を消去すると、スポーツはその魅力・アイデンティティーをも同時に喪失せざるをえない。アポリアの只中でスポーツのインテグリティーを守るべき理由があるとすれば、これ以外にはないのではないか。

(北海学園大学)

【注】

(1) スポーツにおける倫理的問題の発生源としては他にも経済的な要因や政治的な要因等もありうるが、ここでは考慮しない。それらは倫理的問題の非本質的で偶然的な要因にすぎないからである。

（２）以下における本稿の内容は川谷（２０１４）と大きく重なっている。

（３）この呪文のさまざまな解釈（や翻訳）の可能性については、渋谷（２００９）を参照。

（４）「勝負事ではないがスポーツと呼ばれている活動もあるではないか」という疑義に対しては、たとえば守能（２００７）、１８９頁を参照。

（５）スポーツの「面白さ」の一つはこの点にあると思う。他者に「正々堂々と」害悪を与えることが許されている活動など、スポーツ以外にはなかなかないからだ。

（６）ニーチェが健在だった19世紀後半は近代スポーツの黎明期にあたり、彼の視界には当然スポーツは入っていない。

【参考文献】


川谷茂樹『スポーツ倫理学講義』、ナカニシヤ出版、２００５年。

――「スポーツにおける倫理的問題の発生根拠―スポーツの危険性とその内憂外患―」、ＮＳＣＡジャパン『ストレングス＆コンディショニングジャーナル』21-2、２０１４年。

渋谷治美『リア王と疎外――シェイクスピアの人間哲学』、花伝社、２００９年。

ニーチェ『道徳の系譜学』、中山元訳、光文社古典新訳文庫、２００９年。

蓮見重彦『スポーツ批評宣言　あるいは運動の擁護』、青土社、２００４年。

松原隆一郎『思考する格闘技　実戦性・競技性・精神性と変容する現実』、廣済堂出版、２００２年。

守能信次『スポーツルールの論理』、大修館書店、２００７年。

山口香『日本柔道の論点』、イースト・プレス、２０１３年。

特集　スポーツ・インテグリティーを考える―スポーツの正義をどう保つか

スポーツと人種差別

―サッカーを通して―

陣野俊史

それは何げない日常の風景のようにみえた。パリの地下鉄に、その男性は乗り込もうとしていた。メトロに乗っていたのは、チェルシーというイングランド・プレミアリーグのサポーターたちで、その中の一人が、乗り込もうとする黒人男性の胸を突いた。メトロのドアから押し出された男性は、少し吃驚したようだった。何事もなかったかのように、再び乗り込もうとすると、同じサポーターがやはり男性の胸を押して、電車に乗せない。その繰り返しである。サポーターたちは、こう声を揃えて歌い始める。We're raciste we're raciste and that's the way we like it. と。よく見ると、サポーターたちのドアだけが開いていて、他のドアはすでに閉まっている。どこからか太鼓を打ち鳴らす音も聞こえる。彼ら――のちにチェルシーのサポーター「ヘッドハンターズ」と判明した――のコールだけがパリの地下鉄駅の構内に響き渡っている。ついで、メトロの他のドアも開き、乗客のフランス人（?）たちは次々に降りてくる（注1）。

今年2月に起こった出来事である。この人種差別事件を見て、もっとも腹立たしかったのは、彼らの「チャント」（サッカーのサポーターたちが歌う歌の総称）の内容が、「オレたちは人種差別主義者だ、オレたちは人種差別主義者だ、それがオレたちの好きなやり方」という点ではない。むろんこうした意味の歌が社会的に許されるはずはない。実際、彼らには厳しい裁定が下った。だが、問題はそこではない。私がもっとも憤りを覚えたのは、彼らのチャントがきちんと歌われていたことだ。動画で確認するかぎり、彼らの歌声は揃っており、入念な練習の成果を印象づけるのである。つまり、彼らは自分たちがレイシストであることをチャントの練習の中で自己確認し、のみならず、自己像を外部に向けて投射している。そのことが腹立たしいのである。彼らには外部がない。自分たちがどれほど外部を遮断した世界を構築し、その中に自足してしまっているのか、という感覚が欠落している。それが堂々と、スタジアムの外部に漏れ出てしまったことに、私たちは軽い衝撃を覚えたのである。

＊

去年、2014年7月に『サッカーと人種差別』（文春新書）という小さな本を書いた。直接のきっかけは、14年3月に起こった「JAPANESE ONLY」という横断幕事件である。埼玉スタジアムに掲出された、その横断幕が意味する排外主義、別の言い方をすれば、外国人嫌悪（ゼノフォビア）がなぜ差別に該当するのか、どういう理由でその横断幕は取り外されなければならなかったのか。少しでも解き明かしたいと思い、ヨーロッパでこの20年の間に起こった代表的な人種差別事件を挙げ、ついで、幾人かの代表的人物に焦点を当て、サッカー界で差別と闘う人々や団体を紹介し、最後に、より日常的な視点で、私たちはどのように行動すべきかを考察した。

偶然の一致だろうが、3月の「JAPANESE ONLY」の横断幕事件以後、気になる事件が世界規模で相次いだ。4月には、FCバルセロナのブラジル代表選手ダニエウ・アウベスが、コーナーキックを蹴る際に、レイシストたるサポーターによって足元に投げ込まれていたバナナを急いで拾い上げて食べ、何事もなかったかのようにプレーを続行するという事件が起こる。あるいは、8月、横浜Fマリノスと川崎フロンターレの試合で、マリノスのサポーターの一人がフロンターレのブラジル人選手に向けてバナナを振り、クラブには500万円の制裁金が科された。

問題を整理すれば、埼玉スタジアムでの横断幕は「外国人排斥」のそれであり、ダニエウ・アウベスの行為は「人種差別主義」に対する抗議である。この二つは切り分けて考えなければならない。

さらに、もう一つ問題なのは、ダニエウ・アウベスの行為がユーモラスであったことである。人種差別主義的行為には、ユーモアで返すべきだという立場がある。たとえば、拙著でも何度も言及したサッカー選手に、元イングランド代表、ジョン・バーンズがいる。彼はジャマイカ出身で、イングランド・プレミアリーグの人気クラブ・リバプールの選手として活躍した。その彼は、苛酷とも言えるレイシストたちの攻撃にさらされながらも、ユーモアの重要性を自伝の中で説いている。

人種差別は、笑われるべきである。私のリバプールでの最初のシーズンのとき、チームでクリスマスの仮装パーティが催されることがあった。私はクー・クラックス・クラン（アメリカの白人至上主義団体）の格好をして参加した。もともとはバナナの格好をしていこうと思っていたのだが、マージーサイドのどこにもバナナ・スーツを見つけることはできなかったからだ。私のKKKの扮装は、多くの黒人たちを激怒させた。「笑うことじゃないんだ」と彼らは私に叫んだ。「KKKの連中が黒人に対して何をしたのか、考えろよ」。私はこう返事をした。「クー・クラックス・クランこそ笑われるべきなんだ」と。（陣野俊史『サッカーと人種差別』、文春新書、2014年、89頁）

バーンズのさらされていた人種差別は苛烈を極めている。80年代がいまだにそういう時代だった、ということはできる。イングランド社会の構造を80年代という切り口で政治に即して記述することも必要だろう。それは私の手に余る作業である。ただ、一つ言えることがあるとすれば、ジョン・バーンズの名を現在の私たちでさえ知っているのは、彼の有名なキックのせいである。

それは、1988年2月21日、エバートンとのFAカップ（イングランドの伝統的なカップ戦。まったく違うのだが、日本で想像するならば、天皇杯か……）5回戦に臨んだ。後半に入ると、バーンズに向けてバナナが投げ込まれた。バーンズは、そのバナナを右足のヒールキックで外に蹴り出した。それだけのことである。だが、テレビでこの光景を目撃したのは、700万人だった。むろんバーンズの行為で人種差別が撤廃されたわけではない。確認したいのは、1988年にバーンズがバナナを蹴り出した行為が、2014年にダニエウ・アウベスがバナナを食べた行為にまっすぐに繋がっているということである。それは単にバナナつながり、という意味ではない。彼らの行為を根底から支えているのは、人種差別に対する怒りであり、その表出としてのユーモアである。

ユーモアは人気がある。アウベスの一件は、彼のユーモラスな性格も功を奏したのか、SNS（ツイッターやフェイスブック）を介して、世界的規模に拡散する。ブラジルの元代表選手たち、現役のセレソン（ブラジル代表はこう呼ばれる）たちは、動画や写真を撮影し、バナナをわざわざ食べてみせて、アウベスの勇気とユーモアに賛意を表明した。

だがはたしてこれでよかったのか。

ツイッターやフェイスブックで愛息を抱えた有名選手がバナナを食べてみせれば、何かが解決したことになるのか。ジョン・バーンズはもっと徹底したリアリストだった。

私が活躍したことで、リバプールとエバートンは人種差別撤廃のアクションをとることを決めた。アンフィールドやグディソン（エバートンのホームスタジアム）で私が受けた侮辱に対するリアクションは、マージーサイドにはびこる人種差別を人々に気づかせたけれど、私はそれが何かを変えたなんて信じることができない。人種差別を根絶しようとするキャンペーンは、単なるポリティカル・コレクトネスの実践でしかなかった。「もし少しでも人種差別的なチャントがあったら、グラウンドから締め出すぞ」という警告文があったとしても、何かが達成されるわけじゃない。人種差別主義者たちは90分間黙っていなくちゃならないかもしれないが、人種差別主義者のままだ。そんなサインは、人種差別を地下に追いやるだけで、事態はなおさら悪くなるだろう。（前掲書、87頁）

つまり、人種差別主義者たちへの深い絶望があり、だからこそ、彼らを笑わねばならない、と反転する。この二面性がジョン・バーンズを動かしていた。ここには十分に注意する必要がある。レイシストの投げたバナナを拾い上げて食べる、あるいはピッチの外に蹴り出すというだけでは、ユーモアが独り歩きしてしまう。レイシストたちに対する絶望を表明しつつ、彼らにユーモアをもって向き合うという両面を備えていることを、つねに意識しなければ、バナナはただの侮蔑の記号のままである。横浜Fマリノスのサポーターは、自分がレイシストになったことさえ、気づかなかっただろう。なぜなら、バナナを介するユーモアにしか目が行かなかったからである。ここに、サッカーの人種差別の歴史を知る意味が生まれる。二面性は歴史の中に埋まっている。それを掘り出して知ることでしか、自分が知らぬまにレイシストに陥っていることを回避できないのである。

＊

では、どんどん規制を厳しくしていけばいいのか。スタジアムには絶対に人種差別を持ち込まない、許さない、という強硬な姿勢は大切だと思うが、別の問題も生まれる。たとえば、2014年11月2日付、朝日新聞によれば、観客の差別行為を画像から把握するために、ツイッターやフェイスブックに投稿される画像をチェックする担当者を「Jリーグデータセンター内に」設置する、というのである。「Jリーグ　ネット巡回」というタイトルの記事である。記者は藤田淳。

こうした対応を取らざるを得なくなったのは、スタジアムでの差別的行為が今年になって大きな社会問題になったからだ。最近の特徴は、問題行動がツイッターなどで瞬く間に拡散することだ。Jリーグの今回の試みは、これを逆に利用しようというものだ。実際、8月には横浜マの職員が、試合中にバナナを振りかざす映像をツイッターで見つけて事態を把握、試合終了までにサポーターを特定して事情を聴き、無期限入場禁止とするという素早い対応ができた。

この記事では、企業のPR活動などを行う会社のプロデューサーの言葉を引き、「ネット上に流れる情報をチェックすることはソーシャルリスニングと呼ばれ、多くの企業が危機管理の一環として行っている」、とJリーグの試みを、どちらかと言えば好意的に紹介している。Jリーグ側の言葉として、吉田国夫チーフはこう答えている。「監視ではないかと反発の声があがる可能性は十分に理解しているが、問題が大きくなる前に察知することでリーグやクラブが対策を準備できる意味は大きい」というものである。

ここで、もう一度、ジョン・バーンズの言葉を反芻する必要がある。サッカーの試合中にずっとパソコンで人種差別的画像を探しまわる担当者の行なっていることは、明確な「監視」である。だが、この監視にできることは、人種差別主義者が「90分間黙っていなくちゃならない」ことでしかなく、彼らは「人種差別主義者のまま」であり、「何かが達成されるわけじゃない」のだ。

では、どうすべきか。

地味な結論だが、サポーターが自律性を高めていくしかない、と考えている。Jリーグの監視担当者が「問題行動」を発見するかどうかは本質的な問題ではない。レイシストたちの投げ込むバナナに対して、選手が何もできないことがまず第一に考えられるべきであり、そのためにサポーターは何ができるのかを考えるべきである。

2004年、当時のスペイン代表監督ルイス・アラゴネスがフランス代表フォワードのティエリ・アンリを間接的ではあれ、人種差別的言葉で野次ったことがあった。アラゴネスには制裁金が科されたが、アンリは黙っていなかった。2005年、「スタンドアップ、スピーク・アップ」というキャンペーンをナイキのバックアップの下、実行した。アンリの言葉は実に刺激的だった。「俺たちはまだ虐待されている。俺たちは肌の色で差別されているんだ。あなたがたの声が必要だ。人種差別主義者を打ちのめすために」。全世界で放映された画像の中で、アンリはそう語っていた。

「あなたがた」とは無論、サッカーを愛するすべての人々のことである。とりわけ、サポーターを指している。試合中、選手はまったく無力である。差別の言葉にさらされれば、試合を中断するぐらいしか、抗議の意志を示すことはできない。だから助けてほしい、とアンリは言っている。声を上げることができるのは、サポーターなのだ、と。サポーターは自分たちの意志で様々な事象に決断をくだしていく訓練をすべきだと考えている。自分たちで情報を集め、判断し、結論を出すことである。もちろん、数あるスポーツの中でも、サッカーはファンの結束の固い競技であるとも考えられる。一緒に声を合わせなければ歌えないチャントを整然と歌いこなす点から考えても、集団で過ごす時間が多いだろう。サポーターという共同体の中で、人種差別の具体的な行動を規定し、みずから罰則規定を作り出していくことが肝要ではないか。

サポーターの理想的な在りようを示唆する映画を観た。タイトルは『イスタンブール・ユナイテッド』という。東京フットボール映画祭2015で正式に上映された（配給は未定）。

トルコには三つの人気クラブがある。ベジクタシュ、ガラタサライ、フェネルバフチェの三つのクラブである。クラブ創設はどれも、100年以上前である。商業主義のサッカーに反対し、相互に敵対心を持つ。彼らを撮る映画には、まったくと言っていいほど試合の風景が映らない。画面を占領するサポーターはほぼ全員が男（後半、女性の姿もちらほら映る程度）。トルコ語がわからない者には、彼らのチャントの意味がわからない。あまり上品なことを歌ってはいないだろう。映画の途中で、3つのクラブのサポーターは、イスタンブールの中では単独行動してはならない、と語るくだりがある。何度も暴力事件が起こっているから、複数で行動せよ、と。突然、局面が大きく動く。

2013年6月、トルコで大規模な反政府デモがあった。イスタンブール中心部の公園を取り壊して、ショッピングモールにする、という市長の独断による決定が下った。公園に隣接するタクシム広場には人々が集まり、広場に向ってデモ行進をする数は4万を数えた。映画の後半部はこの風景が映し出されている。夜通し音楽を演奏し、踊る人々。楽天的な風景はしかし警察の介入によって一変する。大量の催涙弾が投げ込まれ、タクシム広場を占拠する人々は怒りをあらわにする。「この国はだんだんひどくなってきている。女性や同性愛者には人権はないの」と、映画の中でインタビューに答えている女性は明言する。こうした、政治に対する純粋な怒りが広場を埋める一方で、エルドアン首相はテレビで、お好きなようになさい、私たちは決めたことはやりとげる、と挑発とも解釈できる発言をする。タクシム広場は警察による暴力で混乱を極める。

そのとき、突如、ガラタサライのサポーターの中心メンバーが仲間に声をかける。「(タクシム広場に) 行った方がいい。すぐに仲間を集めよう」と。サポーターという「ならず者」がタクシム広場に姿をみせる。ベジクタシュもガラタサライもフェネルバフチェもない。垣根を越え、3クラブのサポーターが集結する。「ゴールを決めろ、警棒がなけりゃ、お前たちはいつもへっぴり腰だ」。警官を挑発し、エルドアン首相をこき下ろす。彼らは別に「英雄」ではない。だが、タクシム広場に現われた、それぞれのクラブのシンボルカラーを身にまとったサポーターの逞しさは、感動的ですらある。

タクシム広場での出来事を経験しても、3つのクラブのサポーター同士は当然だが、仲間というわけにはいかない。対立は一世紀を超えているのだから。だが、一度結束すれば、瞬間的にでもサポーターの共同体はできあがる。そして、大きな権力に抗する力を持つことができたのである。

サポーター文化の成熟を待望する所以である。

＊

私自身は、フランス文化を研究対象としているので、最後に現在のフランス代表のサッカーをめぐる諸問題から、人種差別の方へ議論を折り返してみたい。

1998年のフランス・ワールドカップでの優勝は、近年のフランス代表にとって絶頂期を象徴するものだった。2000年の欧州選手権でも優勝し、その頂点は続くものと思われた。この時のメンバー、ジネディーヌ・ジダン、ティエリ・アンリ、ダヴィド・トレゼゲ、ディディエ・デシャン、マルセル・デサイー、ローラン・ブランといった選手たちは、その後のフランス代表を指導者として支えていくのだが、彼らは比較的均質化した階層の出身者だったことが近年指摘されている。つまり、海外県からフランス本土へ移動してきた者たちか、あるいはその二世がほとんどであり、その限りで一定の貧困が共有されていた、ということである。様々な人種の混成体ではあったが、監督にとって越えがたいハードルではなかった。

事態の変質が露見したのは、2010年の南アフリカ・ワールドカップの時である。監督のレイモン・ドメネクと激しく対立したニコラ・アネルカはチームから追放され、その事実に対し、選手一同が練習を拒否、練習場へ向かうために乗り込んだバスから降りないという「屈辱のバス」事件まで起こった。チームは粉々に自壊し、フランス代表は惨敗した。このときのチームの分裂の原因は主として指導者たちの力量の不足に起因するものとされてきたが、別の要素を指摘する者もいる（注2）。それは、選手たちの社会的階層の多様化である。たとえば、このときの代表では、ヨアン・グルキュフやウーゴ・ロリスは、中流以上の家庭に育った。ありあまる運動能力をどのような道で発現させたらよいのか、悩んだ末にサッカーを選んでいる。テニスやアイススケートといった、いわば富裕層のスポーツと一緒にサッカーが選択肢に入っていたのである。サッカーは人気スポーツとなり、様々な階層の人々に門戸を開いた。その結果、それまでサッカーをしていなかった階層の若者も参入してきた。競争は激化する。プロ選手への道は厳しくなる。

2015年1月、風刺画で有名な「シャルリ・エブド」紙を襲撃した犯人、クワシ兄弟は、ローティーンの6年間、週に2日、サッカーの練習に明け暮れていた。中でも弟のほうは、フランス代表の伝説的な選手に教えを乞うほどの才能があった、との証言がある（注3）。だが、プロ選手にはなっていない。あるいは、これはまた別の問題だが、フランスの選手育成制度が機能して、16歳までフランス代表だった移民系の選手が、その上のカテゴリーに進むとき、ルーツの国の代表選手を選んでしまう事例が増えている。併せて考慮すべき問題だろう。

つまり、フランスのサッカーをめぐる人種的・経済格差的問題は、じつは日本サッカーとも無関係ではない。社会の構造や成り立ち、地理的条件が根本的に違うため、単純な比較は意味をなさないが、少子化が進行し、労働力不足を補うべく海外からの「移民」を奨励する政策を推し進めれば、早晩、日本のサッカーの世界にもフランスのサッカー界で起こったことが形を変えて派生するだろう。そのとき、知らぬうちに人種差別主義者に堕ちぬよう、細心の準備をする必要があるだろう。

＊

冒頭で言及したチェルシー・サポーターの、パリのメトロでの映像がなぜ衝撃的なのか、了解いただけただろうか。

クラブはスタジアムで人種差別行動がないか、監視の目を光らせている。だが、スタジアムから一歩出れば、90分間抑え込まれていた差別意識は具体的な行動となって表出する。そして社会に巣食う排外的意識に合流し、より大きな流れを作る。その流れをどこかで断ち切らねばならない。断ち切るためのポイントをまず、作らなければならない。急務である。

（文芸評論家・フランス文化研究者）

【注】

（1）イギリスのタブロイド紙「ザ・ガーディアン」（２０１５年２月18日付）の記事「Chelsea condemn fans who pushed black man off Paris Métro」より。

（2）Stéphane BEAUD, Affreux, Riches et Méchants? *un autre regard sur les Bleus*, juin. 2014. 特に第1章3節と、第3章を参照されたい。

（3）フランスの週刊誌「ヌーヴェル・オプセルヴァトゥール」（２０１５年１月14日付）の記事「Saïd et Chérif Kouachi : programmés pour tuer」より、署名は Cécile Deffontaines, Marie Guichoux, Violette Lazard, Olivier Toscer, Marie Vaton et Elsa Vigoueux

人間の尊厳を破壊するドーピング

―金メダリストをデザインすることの何が問題か？―

竹村瑞穂

1. 素晴らしい新世界

今から80年ほど前に、『素晴らしい新世界』（村松達雄訳、１９７４年、講談社文庫）という一冊の本が出版された。イギリスの作家、オルダス・ハクスリーの代表作である。試験管受精、代理母出産、遺伝子工学を用いた行動修正、向精神薬による感情のコントロールなど、バイオテクノロジー革命を中心に据えた、人間の未来図を描いた小説である。そこで描かれるヒトビトは、人間の尊厳を持たない、そして何かに悩まされるようなこともない、全き幸福な奴隷像である。

そして、21世紀。ハクスリーの小説の中で示されたテクノロジーは、ほとんど実現可能なものとなった。とくに、２０００年６月、人間のＤＮＡ配列の解読が完了したことは特筆すべき事項であり、バイオテクノロジーの成功は目覚しいものがある。

そのバイオテクノロジーが、スポーツ界に影響を及ぼしつつある。とくに、ドーピングの問題は、医科学技術の進歩と親和性が高い。２０００年に入ると、遺伝子操作技術を応用したドーピング、いわゆる遺伝子ドーピングが、ついに現実的な懸念事項として認識されるに至る。2003年には、遺伝子操作技術が悪用される恐れがあるとして、国際アンチ・ドーピング機構（以下、WADAと示す）が出している「世界ドーピング防止規定」の中に、遺伝子ドーピングが加えられた。

WADA発刊の「禁止リストに関する国際基準」に基づいて作成された、JPAドーピング・データベースによれば、遺伝子ドーピングとは、「貧血や筋ジストロフィーの遺伝子治療法を、病気でない選手が行うことによって、ヘモグロビンを増やしたり、筋肥大を計るドーピング手法」(1)と説明されている。簡潔に言えば、「遺伝子治療技術を、健康なスポーツ選手が治療目的ではなく、競技力向上を意図して利用すること」と、まとめることができよう。この説明からさらに具体的に、遺伝子ドーピングに結びつく可能性がある遺伝子操作技術として、C・ムンテは、①スポーツゲノミクス、②体細胞操作、③生殖系列細胞操作、④遺伝的選択、の四つを挙げている(2)。少し詳しく見ていきたい。

まず、①のスポーツゲノミクスである。「ゲノミクス」とは、生物学の諸問題をゲノムの視点から研究する分野のことである。この分野においては、遺伝子操作技術を用いてより効果的な能力向上のための薬物開発などにより、パフォーマンスを向上させることができる。また、競技力向上に関連した栄養作用や代謝作用などの側面において、新たな効果を生み出す可能性が示唆されており、たとえば、赤血球を

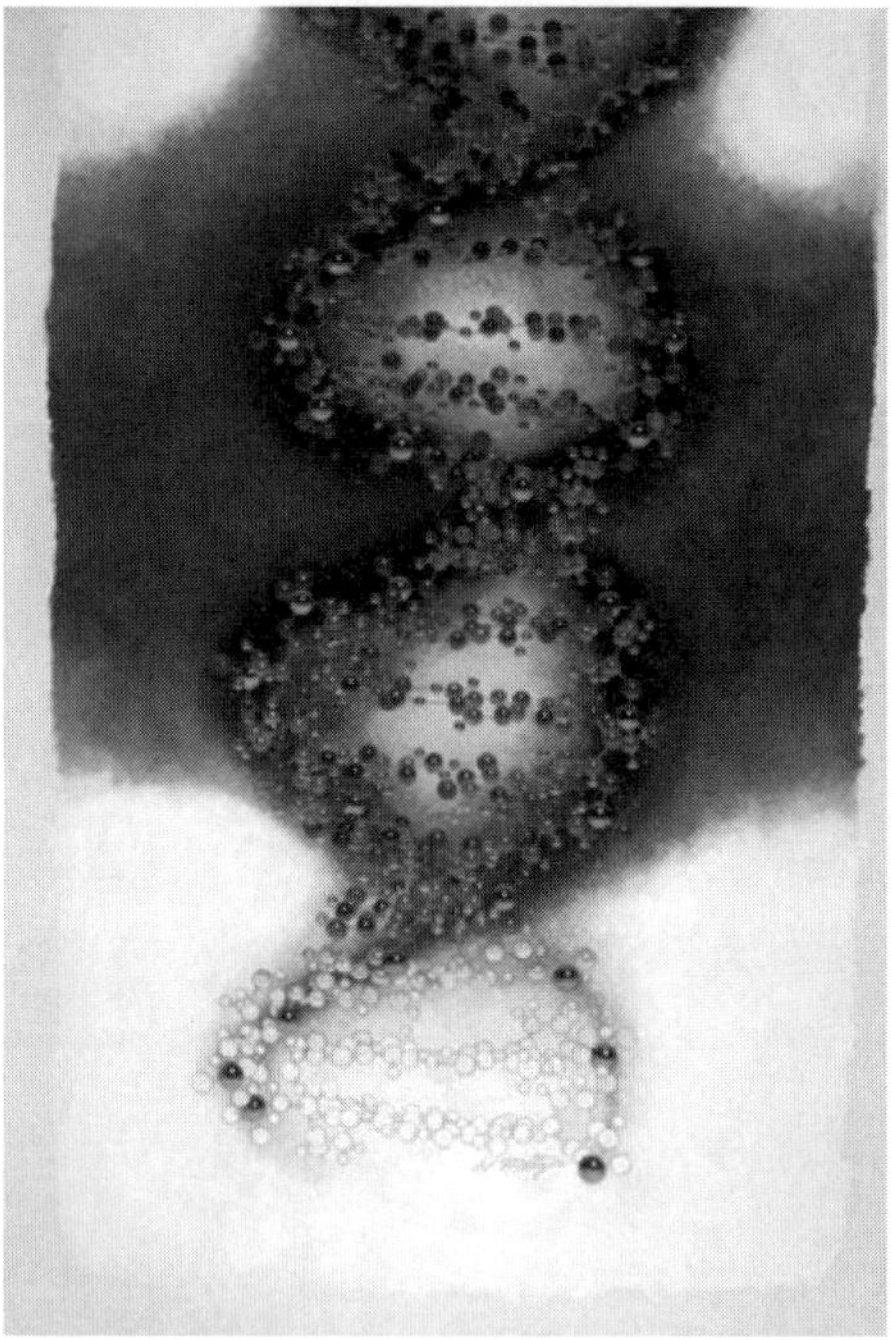

写真１　http://www.nationalgeographic.co.jp/news/news_article.php?file_id=1282822 より転載

産生する造血ホルモンであるエリスロポエチンを人為的に作り出し、酸素運搬能力を高めることが可能である。このような技術利用のことを、スポーツゲノミクスという。

②の体細胞操作は、身体能力の向上を図ることが可能となる技術である。食物の遺伝子改良や動物の品種改良などが行われているが、同様の技術が人間にも応用可能であり、遺伝子治療だけではなく能力向上にも有効であることが明らかになっている。たとえば、遺伝子改良された赤血球細胞を使用した血液ドーピングなどが考えられる。あるいは、インスリン様成長因子遺伝子を細胞に導入させることによって、マウスの骨格筋を異常肥大させる成功例が報告されている。

②の体細胞操作とは異なり、③の生殖系列細胞操作は、精細胞や卵細胞、受精卵などの生殖に関わる細胞が操作の対象であり、人間を「製作」することにつながるものである。すなわち、スーパーアスリートを生み出すことができる技術とも言える。体細胞操作とは異なり、遺伝子操作の影響が世代間に続く点が特徴である。

④の遺伝的選択とは、胎児または幼児期に、個人の遺伝情報を使用して、特定のスポーツに対する適性を判定することである。たとえば、筋力に関わる遺伝子のタイプを調べ、短距離型か長距離型か把握し、その適性に合わせて種目を変えるなどが考えられる。本人が自由意志によって遺伝情報をトレーニングに反映するのではなく、第三者（コーチや国家など）が強制的に胎児や乳幼児の遺伝情報を調べ、どのようなスポーツ種目に向いているかを把握し、子どもを選り分けるようなことが為されれば、プライバシーの問題含め、スポーツの自由参画の阻害という倫理的問題が生じてくる。

以上のように、遺伝子ドーピングと一言で言っても、じつは様々な方法や種類が存在する。今回は、この四つの遺伝子技術のうち、とくに③の生殖系列細胞操作に着目したい。というのも、生殖系列細胞操作技術を応用した遺伝子ドーピングには、人間という概念をも揺るがす、これまでのドーピングとは比べものにならないほどの倫理的問題が含まれているからである。

2. 金メダリストをデザインする
―何が問題か？

「優生学」という言葉を一度は聞いたことがあるだろう。チャールズ・ダーウィン（1809-1882）が唱えた進化論を基盤とした優生学は、ダーウィンの従弟であるフランシス・ゴルトン（1822－1911）によって提唱された。優生学とは、簡単に言えば、「優れた形質を持つ人間を増やし、劣った形質を持つ人間を増やさないようにすること」を目的とした、社会改良運動として知られている。優れた形質を持つ人間を増やすことは「積極的優生学」といい、逆に、劣った形質を持つ人間を増やさないようにすることは、「消極的優生学」という。優生学が政治的イデオロギーと結びついたとき、たとえば、第二次世界大戦中にナチス・ドイツがどのような行為を繰り広げたのかを考えればすぐにわかることであるが、悲惨な結果を招き得る。最終的に生殖管理による人種改良といった国家的優生政策は、人権上の問題から終息を迎えた。

しかし、2000年にヒトゲノムの解読が完了したことにより、積極的優生学が再び注目を集めている。かつての優生学と異なる点は、国家的な強制による政策ではなく、個人の欲望に基づいている点である。このような個人レベルでの優生学を新優生学というが、その究極が、生殖系列細胞操作によるデザイナー・ベビーだろう。

デザイナー・ベビーとは、受精卵を遺伝子操作することにより、親が思い通りの能力を手に入れるためにデザインし、作りあげる子どものことを言う。現実的に、受精卵の段階で特定の遺伝子を操作すれば、先天的に「青い目」をした「金髪」の子どもを作ることは可能である。同様に、受精卵の段階で運動能力に関わる特定の遺伝子を突き止め、ウサイン・ボルトのような恵まれた体格を持ち、酸素運搬能力に長けており、筋発揮能力に優れた子どもを先天的にデザインし、足の速い子どもを製作することは、不可能とは言いきれない。技術的に可能となれば、自分の子どもをオリンピック選手にしたい、優秀なスポーツ選手にしたい、地位と名誉とお金を手に入れさせたい、と望む親は、少なくないかもしれない。先天的に、金メダリストをデザインする試みである。

このような試みに対する不安や懸念は、すでに10年以上前から競技スポーツ界で出始めている。国際オリンピック委員会元会長であるジャック・ロゲは、遺伝学の技術が競技スポーツ界において乱用される恐れがあることについて、高い関心と不安を表明していた。また、2002年に開催されたWADA主催の遺伝子ドーピングに関するワークショップでは、遺伝子ドーピングを現実に直面している問題として認識することが確認された。そして、倫理・教育的枠組みの構築、ならびに政府レベルにおける社会政策の推進など、遺伝子操作技術が悪用される前に対策をとる必要性が訴えられた(3)。

それでは、遺伝子ドーピングが恐れられている理由は何だろうか。金メダリストをデザインすることは、なぜ、倫理的に問題があるのか。

とくに生殖系列細胞操作技術を応用した遺伝子ドーピングにおいて特徴的なことは、操作する者(親)と操作される者(子ども)が異なるという点である。そして、受精卵の段階では、その行為に対し、操作される者は何の判断も意見も言うことが出来ない。そのような状態下で為された行為は、子々孫々、世代を超えて受け継がれることになる。この事態を松田は、「生殖細胞への遺伝子的介入は一方的であり、不可逆的で修正不可能である。過去の威力が未来を永久に縛り続けることになる」(4)として批判しているが、このような「侵襲性」が問題視される。当然、このような侵襲性により、生殖に関する偶然性も奪われ、人間の固有性—かけがえのなさ—も失われていくだろう。

つぎに、「先天的な人間の手段化」が挙げられる。親の望む通りにデザインされた子どもは、親の欲望の対象、すなわち何らかのある目的に適合した形で製作される。「金メダリストをデザインする」ということは、「金メダルをとるという目的のために意図的に予めデザインする」ということなのであり、「願わくばこうなってほしい」という気持ちとは一線を画す。いわば、生まれながらにして手段化された子どもを生産することにつながる。親が、規格通りの、金メダリストになるにふさわしい能力をデザインしたはずであるのに、操作されたその子どもが全くスポーツに興味を持たなかった場合、親にとってその子どもの価値はどのように保証されるのであろうか。

この、「侵襲性」と「先天的な人間の手段化」という倫理的問題によって浮き彫りとなるもっとも重大な問題は、「人間の尊厳」が脅かされかねないということである。

尊厳(Würde)とはわかりにくい概念であるが、それは、価格(Werte)と対比して語られ得るものである。価格は他のあるものの等価物として代替が可能であり、それは物件と呼ばれる。相対的価値しか持たない物件は、つねにあるものの手段としてしか存在しない。それに対して人間(人格)は、他の何ものによっても代え難く、価格では測るべきではない唯一無二の存在として物件から区別される。そこにあるのは商品としての価値、すなわち相対的価値ではなく、絶対的価値としての尊厳である。したがって人間は、たんに手段としてのみ利用されるのではなく、つねに同時に目的として扱われなければならないのである。

　デザイナー・ベビーや、生殖系列細胞操作技術を援用した遺伝子ドーピング技術などは、その技術を支持する見解が存する一方で、「倫理的に問題である」とも指摘されてきた。このような指摘は、なんとなく直観に依存する判断の場合もあり、問題性それ自体については明示されにくく、よく見えてこない部分もあったように思う。けれども上述したように「尊厳」という概念を踏まえるならば、何がどのように問題なのかということが、ある程度クリアに見えてくるであろう。他者を手段としてのみ扱おうとする試みは、その他者を人間としてではなく物件同様に扱っていることにつながる。それは本来、内在している絶対的価値としての尊厳を尊重しない行為となる。それゆえ、倫理的に問題があるとして懸念されているわけである。

3. 欲望の哲学

　とはいえ、「よりよくありたい」「よりよくあって欲しい」という気持ちは、極めて自然な感情であるとも言えるだろう。

　遊びとしてのスポーツ。スポーツは教育的である。スポーツはフェアであるべきだ―。よく聞く言葉である。しかし、これらは間違いではないが、スポーツの本質とは言えない。スポーツの外在的性質あるいは外在的目的として重要視されてきた諸性質である。スポーツの本性は競争性にあり、その内在的目的は勝利追求である。この論理がスポーツにある限り、勝利追求に対する欲望にも際限はない。

　その一端を、ドーピング技術の歴史に垣間見ることができる。１８００年代後半には、興奮剤の使用が確認されている。１９３０年代には、ヘロインやコカインなどが主流であった。１９５０年代に入ると、覚醒アミンなども使用されるようになり、１９６０年代以降には、交感神経興奮剤、蛋白同化ステロイド、筋肉増強剤などが用いられる。１９７０年代には、血液ドーピングに関する研究が行われ、現在は遺伝子ドーピングである。ムンテが指摘した遺伝子ドーピングの次に来るのは、超人間アスリートの製作といったところだろうか。精子と卵子を体外受精して受精卵を人工的に作ることができるのであるから、異種交配は可能である。チーターの足を持つ人間でも造り上げるだろうか。

ここまで来ると、バイオテクノロジーの畏怖を感じずにはいられないが、問題はテクノロジーではない。次のようなことを考える人も中にはいるであろう。「金メダリストをデザインすることで生じる倫理的問題について、理解はできる。しかし、それでも運動能力の優れた子どもを、どうしても手に入れたい。金メダリストではなくとも、容姿の美しい子どもをデザインしたい。知的能力に恵まれた子どもをデザインしたい。出来るのであれば、よりよい子どもを確実に手に入れたい」と。問題は、テクノロジーではなく、テクノロジーを扱う人間の欲望といかに向き合うか、である。

人間には幸福追求権があり、自分の欲望を満たす自由もあると考えられている。完全性を求めてよりよくなろうとすることの何がいけないのか、それを自分の子どもにしてあげようとすることの何がいけないのか。個人の自由ではないか、という声を、リバタリアン（自由至上主義者）たちは支持する。この場合、遺伝子操作技術を用いて身体能力を高めたいと思う人はそのようにし、そのような行為に嫌悪感を持つ者は拒否するようになる。個人の自由として前者に規制をかけなければ、体細胞操作から生殖細胞操作へ、異種交配へと、どんどん進むこととなる。そのとき、類概念としての人間存在はもはや失われることとなろう。最終的には、個人の自由の範囲を超えた、「人間とはなにか」という根本問題に直面する。

そうである場合、私的な範囲における欲望だからといって、何をしても自由であるとは言えなくなる。個人としてのではなく、類的人間としての欲望のあり方を考えなくてはならない。決して欲望の感情それ自体を否定するわけではなく、個人の自由を最大限尊重しつつも、私的な自由の中にも一定の義務を課すことが重要となってくる。その自己に対する義務の必要性について論じた哲学者が、イマニュエル・カントである。

わかりやすく言えば、カントの述べることとは、他者の尊厳を尊重するだけでなく、自分自身の尊厳もまた大切にせよ、ということである。たとえば、勝利追求というような特定された目的に対し、手段としてのみ扱うような身体や生命への毀損行為は許されないわけであるが、それが他者だけではなく自分自身にも向けられる。この自己義務の内実は、「自己の人間性を破壊しないこと」と表されるが、この考え方に従えば、細胞（物質）だから何をしてもよい、というような考え方には陥らない。人間の尊厳を破壊しかねない行為を、しかも何か他の目的のためにのみ行うことよって、自身の人間性や道徳性を破壊してはならないという内なる規制が見出されるのである(5)。

　個人の自由を規制するのが他者によるものではなく、また、個人の自由を最大限尊重しつつ各人の行き過ぎた欲望に歯止めをかける規制として、この自己義務の概念は、現代においてこそ見直されるに値すると言えるのではないだろうか。

4．倫理ガイドライン作成のための視点

　これまで見てきたように、遺伝子ドーピングは、従来の薬物ベースのドーピングや血液ドーピングとは質的に異なる問題を抱えている。遺伝子ドーピングの問題を放置すれば、スポーツ文化も、人間の尊厳も破壊されかねない。一方ＷＡＤＡは、怪我の治療などに際しては、アスリートも遺伝子治療技術の恩恵は受けるべきであるとしており、遺伝子技術の正しい使用については、積極的に認めている。したがって、遺伝子技術の正しい恩恵を受けるためにも、遺伝子ドーピングの規制は重要な課題と言える。

　実際スポーツ界において、遺伝子ドーピングの問題に対しどのような政策が行われているか確認してみたい。先述したが、２００２年には、ＷＡＤＡによる遺伝子ドーピングに関する会議「バンベリー・ワークショップ」が開催されている。このワークショップの目的は、まずもって、遺伝子操作技術がスポーツ界に持ち込まれることによって想定され得る危険性とはなにか、明確にすることであった。また、当該ワークショップにおいて、遺伝子ドーピングに関する決議案(6)が採択された。決議案においては、「遺伝子操作技術には、計り知れない治療効果の期待があるものの、一方、スポーツ競技者の能力向上のために誤用される可能性も多いにある」(7)ことや、「遺伝子操作技術の誤用を防ぐためには、科学者、倫理学者、競技者、スポーツ当局、医師、専門職従事者、製薬・生物工学産業、政府を含めた公的機関の協

同の努力が不可欠である」（8）といったことが示されており、遺伝子ドーピングに対する学際的な対応や、政府レベルの対応が求められた。とはいうものの、実際には、倫理的研究や教育が必要であるという勧告程度に留まっているのが現状であり、研究の進展、深化が望まれている。

　日本においては、「遺伝子治療臨床研究に関する指針」が厚生労働省から出されているが、遺伝子ドーピングに関する倫理ガイドラインや、遺伝子操作技術を援用したエンハンスメントに関する指針などは、現状存在しない。ＷＡＤＡが主張するように、学際的な協力のもとでスポーツ界が主導し、遺伝子ドーピングに関する倫理ガイドラインを策定することは、喫緊の課題と言えるだろう。その際、「スポーツとは何か」「人間とは何か」という視点は、忘れてはならないはずである。

　もしも、ポスト・モダンの社会下において、先に説明した「人間の尊厳」なる考え方が古臭い過去の遺産のように忘れ去られるならば、それは一つの近代から続く「スポーツ」の終焉となり、またスポーツする「人間」の終焉を迎える結末もあり得るであろう。その方向性がいま、試されているのではないだろうか。

（早稲田大学助教）

【註】

（１）日本体育協会監修（２００６）ＪＰＡドーピング・データベース—世界アンチ・ドーピング規定　禁止リスト国際基準—、じほう、１０８頁。

（２）Munthe, C.(2000) Selected champions: making winners in the age of genetic technology. In: Tännsjö, T. and Tamburrini, C.(Eds.) Values in Sport: Elitism, nationalism, gender equality and the scientific manufacture of winners. Taylor & Francis. pp.219-220.

（３）Angela Schneider and Theodore Friedmann(2006) Gene doping in sports: The Science and ethics of genetically modified athletes. Elsevier academic press. pp.74-76 を参照されたい。

（４）松田純著（２００５）遺伝子技術の進展と人間の未来　ドイツ生命環境倫理学に学ぶ、知泉書館、１４０頁。

（５）カントのこの考え方についての詳細は、たとえば、竹村瑞穂（２０１４）競技スポーツにおける身体的エンハンスメントに関する倫理学的研究：より「よい」身体をめぐって．体育学研究59（１）：53‐66を参照されたい。

（６）バンベリー・ワークショップにおける決議案全文については、以下を参照されたい。
Angela Schneider and Theodore Friedmann (2006) Gene doping in sports: The Science and ethics of genetically modified athletes. Elsevier academic press. pp.74-76.

（７）Ibid, p.74.

（８）Ibid, p.74.

特集 スポーツ・インテグリティーを考える―スポーツの正義をどう保つか

古代にもつながる「インテグリティー」の思想

滝口隆司

「炎のランナー」の時代

スポーツの世界でインテグリティーという言葉を聞いたのは数年前のことだ。記者としてこれにどんな訳をつければいいのかと考えたが、妙案が浮かばない。そこで本社のデータベースで過去の記事を検索してみた。「完璧性」「統合性」「尊厳」「正直さ」「誠実さ」「真実性」「品位」「価値保全」「高潔性」など多数の訳が出てくる。

そんなことを考えている時期にNHKのBSプレミアムで映画「炎のランナー」が放送された。1981年上映の英国映画であり、アマチュアリズム時代の英国スポーツを取り扱った名作として知られる。その中にインテグリティーの根本を考える上で興味深いシーンが出て来た。

あらすじを改めて振り返ってみたい。1924年パリ五輪を目指す英国の陸上選手2人が主人公だ。その1人はスコットランド宣教師、エリック・リデル。彼は短距離の代表選手だが、最も重視していた100メートルの予選の日がキリスト教の安息日である日曜日であることを知り、レースを辞退する。英国オリンピック委員会からは祖国と国王のために走れと促されるが、リデルは国家への忠誠心よりも信仰がまさるという信念を貫いた。そして、別の選手から400メートルの出場枠を譲ってもらい、そこで金メダルを獲得する。

インテグリティーに関わると思えるのは、もう1人の主人公、ハロルド・エイブラハムズをめぐる話だ。名門、ケンブリッジ大学に通うユダヤ人であり、勝つことによって真の英国人と認められたいと考えている。そして、彼はプロコーチの指導を受ける。

レースを前に、エイブラハムズはケンブリッジ大学幹部の部屋に呼ばれる。

幹部は「母校の名誉を汚すことは悲しいことだ。ケンブリッジには陸上競技の伝統がある。陸上競技はイギリス人教育には不可欠なものだ。人格を形成し、勇気と誠実さと指導力を培う。とりわけ忠誠心、友情、責任感が養われる」と述べた後で、「学内に疑惑の声が出ている。君の今までの努力は誰もが認めるところだ。成功を願うのはいい。だが、道を外れてはいかん」とエイブラハムズがプロコーチを雇っていることを問題視する。

エイブラハムズは「僕が不誠実な裏切り行為をしたとでも?」と切り返し、「彼はとても優れたコーチです。最高の技術を持っている。彼の指導を受けられて光栄です」と答える。

だが、幹部には受け入れられない。エイブラハムズは自分がケンブリッジの学生であり、イギリス国民だと主張するが、幹部は「君は勝つためには手段を選ばない」とつぶやいた後で、こんな言葉を吐く。

「君のやり方はいささか品位に欠ける。君はエリートだ。それを忘れないように」

キーワードは「品位」だ。エイブラハムズは退室ぎわ、「(幹部も)僕と同様に勝利を望んでいる。なのに努力を否定する。そういう考え方はひきょうです。自分を欺いている。僕は最高のものを求めます。そして勝つ」と言い放つ。そして、五輪に出場したエイブラハムズは100メートルで金メダルを獲得する。

パリ五輪といえば90年以上前の話だ。今ではアマチュアリズムも過去の遺物となり、暇とカネがあるエリート層の差別思想であるというのがスポーツ界の一般的な見方だろう。このエイブラハムズの場面でインテグリティーという単語自体は使われていないが、近代オリンピックの初期からスポーツに「品位」を求める人々は多かったに違いない。

1970年代以降、世界のスポーツ界は大衆化とともにプロ化を推し進め、それが広まる中でビジネスやギャンブルがスポーツに入り込み、不正の数々が生じたことは否定できない。とはいえ、もはやアマチュア時代に戻ることもあり得ない。では、最高レベルの戦いを求めながら品位を守るには何が必要なのか。そのバランスこそが現代スポーツの直面する最大の課題といえるかもしれない。

ドーピング違反に国際捜査機関も

1月下旬、東京都内でアンチ・ドーピングの国際会議が開かれた。その中では今年から発効した世界反ドーピング機関（WADA）の統一コード（規定）の改定が紹介された。これは2013年11月に南アフリカのヨハネスブルクで「スポーツのドーピングに関する世界会議」で決まった改訂であり、その代表的なものが、ドーピング違反者に対する資格停止期間をこれまでの原則2年から4年に延ばす罰則強化だった。意図的で重大な違反に対しては4年間の罰則期間を標準化・恒常化することが明記され、いったんそのような違反を犯せば、次の五輪には出場できないことになった。

ドーピング違反を防ぐにはさらに各国政府機関や国際刑事警察機構（インターポール）までもが乗り出して情報を交換するようになった。ドーピングは既に違法薬物の密売にもつながっている。

会議に出席したWADAのデビッド・ハウマン事務総長は「犯罪組織が薬物の売買や流通に従事している。これはスポーツのインテグリティーに対する挑戦と受けとめている。医薬品の闇市場の摘発も重要だ。インターネットで簡単に手に入る。そして、スポーツ界の不正はより洗練化され、巧妙化している。資金源が拡大され、そこには不正をサポートする取り巻き連中が群がる。その動きに追いつくには大変な苦難がある。我々は彼らの先を行かなくてはならない。ドーピングは間違っているとすべての世代が認識する必要がある」と力説した。

この会議にはインターポールの関係者も参加した。国際犯罪の防止を目的に世界各国の警察機関によって組織され、加盟しているのは190カ国・地域に及ぶ。そうした組織が今、積極的にスポーツ界の不正防止に乗り出している。インターポールのクレモン・デゥ・マイラアー犯罪情報部長はこんな話をした。

「ドーピングの裏には複雑なネットワークがあり、犯罪組織が関わることで社会の脅威となる。薬物の密売がインターネットによって広がり、犯罪組織の収入源になっている。違法企業もマネーロンダリング（資金洗浄）に関係する。インターポールは犯罪とスポーツの不正に対して積極的に戦う」

スポーツ賭博の合法化

次々と巧妙化していく不正はドーピングだけにとどまらないだろう。

サッカー日本代表のアギーレ監督解任につながったスペインリーグ時代の八百長疑惑も、時代の象徴といえる。

日本サッカー協会（JFA）の大仁邦弥会長は2014年1月に発表したJFAステートメントの中でこのように言っている。

「違法賭博による八百長はスポーツの尊厳を揺るがす深刻な問題です。JFAもインテグリティー協議会を立ち上げ、私がリーダーとなって今後の対策を講じていきます。アジアは八百長の温床にもなっていますので、日本で起こっていないからといって安閑とはしていられません。アジアをリードする協会としても、リスペクト教育を含めてガバナンス、コンプライアンスを徹底し、関係各所と連携を取りながら万全な体制を構築していく方針です」

巨大ビジネスが展開されるサッカーは、今や水面下で違法賭博とつながり、審判の買収や八百長が問題化している。ただ、違法かどうかは別にしても、スポーツが賭博の対象になる傾向は年々強まっている。

NHK―BS1の番組「国際報道2015」で2月3日、米国で広がるスポーツ賭博の問題が取り上げられた。

カジノの本場、米国ラスベガスではスポーツが賭けの対象として認められている。アメリカンフットボールの「スーパーボウル」が開かれた日には50万人もの観光客がラスベガスを訪れ、スポーツカジノを楽しんだという。スーパーボウルの開催日だけで動いた金額は日本円にして120億円。これは合法的な遊びだ。むしろ、驚きは次のような光景に描き出されていた。

自宅のパソコンでスポーツ賭博をする男性。つまり、認可されたカジノではない場所でも手軽に賭博に興じられる。サイトを運営しているのは、スポーツ賭博を認めているコスタリカに本社を置く会社だ。合法としている国のサイトなので、米国の法律では裁けないのだという。こうしたオンラインギャンブルの進行により、米国内の資金が海外へ水面下で流出している。

問題はドーピングと同じように、インターネットによって国境を越えている点だ。法律で取り締まることができない脱法行為がグローバルに展開されている。

米国ではラスベガスなど一部でスポーツ賭博は認められているが、最近は州独自の判断でスポーツ賭博を合法化し、自治体の財政安定に生かそうという動きも出てきた。

米国に拠点を置くスポーツマーケティング会社「トランスインサイト」代表、鈴木友也氏が日経ビジネスオンラインに2012年10月に書いた「米国スポーツビジネス最前線」の記事などによると、同年3月、ニュージャージー州がスポーツ賭博を合法化する法案を可決した。これに対し、4大スポーツリーグ（MLB、NBA、NFL、NHL）や全米大学体育協会（NCAA）が法案の差し止めを求めてニュージャージー州を提訴した。

米国では、スポーツ賭博を禁じる「プロアマスポーツ保護法」（PASPA）という連邦法が1992年に制定された。これに大きく貢献したのはバスケットボールNBAのニューヨーク・ニックスで活躍した後、ニュージャージー州の民主党議員となったビル・ブラッドリー氏。スポーツの賭博は八百長など不正行為の温床になると主張し、これに4大スポーツリーグやNCAAも同調して法律が完成した。

ところが、ニュージャージー州はこの連邦法を無視する形でスポーツ賭博の合法化に踏み切った。スポーツ界は「競技の純粋性が損なわれる」などの理由で訴えたが、州政府側は「連邦法に従う必要はない」と主張した。

ニュージャージー州は巨額の財政赤字から抜け出すためには新たな財源の必要性に迫られていた。そこで工業団地の誘致や観光キャンペーンも行ったが財政を改善させるだけの効果は上がらず、手っ取り早く収入が見込めるスポーツ賭博の合法化を打ち出した。

一方、スポーツ界からの差し止め請求はいったん裁判所に認められたが、その後、スポーツ界の足並みがそろわず、スポーツ賭博の合法化に理解を示す団体も出始めており、議論は続いている。賭博が合法化された方が、プロスポーツの人気が上がり、収入アップにつながるという打算もあるようだ。

違法であれば、法の網をかいくぐって水面下で金銭のやりとりがなされるばかりでなく、インターネットを通じて莫大な資金が海外に流れる。そうなら、合法化した方が健全ではないかという考えもある。

現実的な利益を優先してスポーツ賭博を認めるのか、スポーツの「品位」や「高潔性」を重視して賭博を禁じるのか、米国では難しい判断をしいられている。だが、これを外国の出来事ととらえることはできない。

日本でも国際会議場やテーマパークなど各種施設を集めた「統合型リゾート（IR）」の中核としてカジノ導入が検討されている。何より政府が前向きで2020年東京五輪・パラリンピックに向けて横浜や大阪が候補地として取りざたされている。カジノ誘致が地方財政を潤すという大前提の下、こうした動きは加速していくだろう。そして、いずれはスポーツ賭博も容認していく方向にあるのかも知れない。

スポーツ振興の財源を不正受給

カジノではないが、日本はすでに合法化しているスポーツ振興くじ（通称サッカーくじ、ｔｏｔｏ）の対象範囲をさらに拡大しようとしている。

超党派のスポーツ議員連盟（麻生太郎会長）は新国立競技場の改築費の財源を確保するため、スポーツ振興くじの法改正に向けた議論を始めた。売り上げの最大5％を改築費にあてられる現行法を最大10％程度にまで引き上げるだけでなく、プロ野球や米大リーグなど国内外のスポーツに広げることも視野に入れながら、話し合いを進めていくという。

スポーツ議連では2012年にもプロ野球や大相撲を対象に議論をしたが、八百長への疑念が広がり、導入を断念した経緯がある。このため、コンピューターが無作為に勝敗を選ぶ「非予想系」のくじを想定して検討を進めるという。「非予想くじ」は八百長防止には役立つだろうが、スポーツを賭けの対象とすることに違和感を持たない風潮は年々広がっており、その対象となるスポーツはさらに増えていくに違いない。

スポーツ振興くじは日本のスポーツ構造を変えてきた。2001年から導入され、文部科学省の外郭団体である日本スポーツ振興センターが実施主体となってスポーツ振興の財源を握るようになった。一時は売り上げが落ち込み、民主党政権下では廃止も検討されたが、2006年に最高6億円の新商品「ＢＩＧ」が人気を呼び、その後は売り上げを伸ばしてきた。

そうして競技団体への助成金も増え続けた。しかし、一方で競技団体の不正が次々と明るみに出た。本来は強化に使うべきｔｏｔｏ助成金や国庫補助金が目的外使用されていた問題だ。カネの動くところにはやはり不正が生じる可能性がある。競技団体の組織ぐるみの不正受給・流用問題はその危険性を如実に示していたといえる。

子どものスポーツにも

不正行為は、子どものスポーツにも及んでいる。昨夏に米国で行われた野球のリトルリーグ・ワールドシリーズでは準優勝したチームの不正が発覚し、チームに対し、3大会のタイトル剥奪や監督の出場停止処分が下された。

リトルリーグ国際本部のホームページなどによれば、不正を犯したのは米イリノイ州の「ジャッキー・ロビンソン・ウエスト（ＪＲＷ）」というチームだ。黒人初の大リーガー、ジャッキー・ロビンソンの名を冠した通り、黒人の少年少女のみで構成されたチームで、全米でも大きな話題を呼んだ。ワールドシリーズでは決勝で韓国のチームに敗れたものの、健闘をたたえ、イリノイ州が地元であるオバマ大統領がホワイトハウスにチームを招待したほどだ。

ところが、その後、ＪＲＷが選手を「越境入部」させていたことが発覚した。リトルリーグでは「バウンダリー（境界）制度」といって、選手の住む地域によって所属できるチームが決まっている。ところが、ＪＲＷはこの境界線をごまかして他地域の子どもたちを加入させ、強豪チームを作り上げていた。

リトルリーグ国際本部のスティーブン・キナー最高経営責任者（ＣＥＯ）は「我々はこの決断を下さざるを得なかった。心が痛む決定だ。ワールドシリーズでの達成感、思い出、学んだ教訓は選手たちが誇りに思えるものだが、大人の行動がこのような結果を引き起こすとは不幸だ」とのコメントを発表した。

リトルリーグの世界一を争うワールドシリーズは毎夏、米ペンシルベニア州サウス・ウィリアムズポートの４万５０００人収容のスタジアムで行われ、スポーツ専門のテレビ局、ＥＳＰＮが中継することでも知られる。子どものスポーツとしては破格の注目を集めるイベントであり、ホワイトハウスに呼ばれるほどの名誉が与えられる大会だ。

こうした例は、日本の高校スポーツや大学スポーツに重なってくる部分がある。金銭が絡むプロスポーツやトップスポーツだけの出来事ではない。勝利至上主義がエスカレートすることによって、子どものスポーツでも不正は起こりうる。リトルリーグの越境入部はその一例といえるかも知れない。

古代オリンピック遺跡の台座

２００４年アテネ五輪の企画取材でギリシャ南西部のオリンピア遺跡を訪ねたことがある。かつて古代オリンピックが行われていたという競技場の入口近くには、石の台座がいくつか並んでいた。

その台座群は、古代オリンピックで不正を犯した競技者から徴収した罰金で建てられたものだという。かつてその上にはギリシャの全能の神、ゼウス像が立っていたが、長い時を経てゼウス像はなくなり、その台座のみが今も遺跡に残っていた。

古代オリンピックの勝者には月桂樹の冠が与えられるだけだった。ところが、ギリシャの都市（ポリス）を代表してオリンピアで戦い、勝利を得た競技者たちは地元に帰ると名誉や金銭を手にした。それがエスカレートすることによって審判の買収や八百長が横行するようになった。ゼウス像はその戒めとして建てられ、台座にはこう刻まれたという。

「オリンピアでは速い足と体力では勝つことができるが、カネで勝つことはできない」

古代のギリシャ人が残したこのような言葉は現代に何を伝えているのか。単に罰金を徴収するだけでは不正を防ぐことはできない。古代人も言葉を使ってスポーツのインテグリティーを説こうとしていた。そうしなければ、オリンピックはいつか滅ぶということを察知していたのだろう。現代に置き換えてみれば、スポーツの思想がいかに大切かということであり、思想を広めていく教育が必要だ。

昨年、毎日新聞紙面で「五輪の哲人　大島鎌吉物語」という長期連載を担当した。大島鎌吉氏は戦前のロサンゼルス五輪の陸上三段跳びの銅メダリストであり、その後、毎日新聞記者として活躍する一方、１９６４年東京五輪では選手強化対策本部長、日本選手団長を務めた人物だ。日本スポーツ少年団の創設や大阪体育大学の開学にも携わった。

大島氏は現役時代から「オリンピズム」とは何かを問い続けてきた。古代オリンピックはゼウスに捧げる信仰儀式だったが、近代オリンピックは「世界宗教」だと表現した。

その「世界宗教」について、大島氏は１９８０年７月の「月刊陸上競技」に次のような言葉を残している。

「オリンピックは大宗教団体である。オリンピック宗の本尊は『フェアプレー』。世界共通の理念である」

大島氏によれば、キリスト教もイスラム教も仏教も世界宗教ではない。だが、オリンピックは世界の人々が「フェアプレー」を願う宗教だという。

インテグリティーはなじみのない難しい言葉だが、フェアプレーの考えはこれにつながる。時代は変わっても、その思想をスポーツ界に改めて浸透させる努力が我々には求められている。古代も現代も、アマチュアでもプロでも、その根本は変わらない。

（毎日新聞）

特集　スポーツ・インテグリティーを考える―スポーツの正義をどう保つか

スポーツにおけるセクシュアル・マイノリティの権利をめぐるポリティクス

高峰　修・井谷聡子

1. セクシュアル・マイノリティをめぐる近年の国際的動向

１９４８年12月10日に国連総会において世界人権宣言が採択されてから63年が経った２０１１年６月に、国連人権理事会において性的指向や性自認に基づく人権侵害に関する調査報告書を作成する決議が行われた。さらに同年の12月６日、国際人権デーにおいてアメリカのヒラリー・クリントン前国務長官は「ゲイの権利は人権である（Gay rights are human rights）」と称される演説を行っている。２０００年にオランダで同性婚を認める法律が成立して以来、２０１４年までにベルギー、スペイン、ノルウェー、スウェーデン、ポルトガル、アイスランド、デンマーク、フランス、イギリス、ルクセンブルクといった欧州各国を始めとして、カナダ、南アフリカ、ウルグアイ、ニュージーランドのように概して西洋的価値観をもつ国々が法的に同性婚を認めている。またアメリカ合衆国で同性愛行為を性犯罪とみなすソドミー法に違憲判決が出されたのは２００３年のことである。このように、同性愛をめぐる国際的な動向は21世紀に入ってから急速かつ急激な変化をみせている。

こうした変化と同調するように、同性愛に対する人々の寛容さも概して高まる傾向にある。石原（２０１２）は世界価値観調査のデータを二次分析し、世界20か国の同性愛に対する寛容さが１９８１年以降どのように変化したかを示している。１９９０年以降、各国の国民は同性愛に対して寛容になる傾向にあり、そうした傾向は日本でも例外ではない。また日本人が同性愛に対してもつ寛容さは調査対象となった20か国のうち中位に位置している。さらに石原（２０１２）によれば、日本人女性は男性よりも同性愛に対して寛容であり、経年的傾向としては１９９０年代前半に若者女性、１９９０年代後半に若者男性、２０００年代前半には中高年女性で寛容さが高まったものの、中高年男性においてそうした高まりはあまりみられない。

2. 日本の体育・スポーツとセクシュアル・マイノリティ

このように同性愛に対する寛容さが全体として高まっている一方で、同性愛を含むセクシュアル・マイノリティは日本の体育・スポーツ環境において抑圧を経験し疎外感を覚えているという報告がある。セクシュアル・マイノリティを主たる参加者とする関西レインボーパレードの参加者を対象として質問紙調査を行った風間ら（２０１１）によれば、セクシュアル・マイノリティの25％が自らの性自認や性的指向を理由に無視や嘲笑を経験し、６％が暴力を受けたと回答している。自認による性別で比べると、体育やスポーツの場において、自己の性を男性と自認する人々は女性自認者よりも無視や嘲笑、暴力の対象になりやすいとされる。

藤山ら（２０１４）は、体育・スポーツ系学部・学科に所属する学生（将来体育やスポーツの指導者になる可能性が高いと思われる）を対象に質問紙調査を行っている。その結果、身近にセクシュアル・マイノリティがいると回答した割合は全体で32・６％であったが、その割合を身体の性別でみると男性16・８％に対して女性51・３％であった。また女性よりも男性のほうがホモフォビア（注１）およびトランスフォビア（注１）が強く、セクシュアル・マイノリティに関する知識についても男性の正答率は女性よりも低かった。こうした結果から、セクシュアル・マイノリティに関する知識とフォビア、そしてセクシュアル・マイノリティの存在の不可視化には関連があることが推測され、このことから、将来指導者になる学生に対してはセクシュアル・マイノリティに関する正確な知識や情報を伝える教育の場の整備が求められよう。

さらに藤山ら（2010）は、日本のスポーツ領域においてセクシュアル・マイノリティのためのガイドラインを策定することを視野に入れ、フィンランド、イギリス、カナダ、オーストラリア、アメリカ合衆国各国のガイドラインを分析している。そしてこれらの国々のガイドラインに共通する点として、セクシュアル・マイノリティの意思や意向を尊重するという基本的姿勢、セクシュアル・マイノリティについて正確に理解することの必要性、差別を防ぐ監督責任の所在、法的な整備などについて明記されていることをあげる。それに対して日本における対策としては、2014年に日本体育協会が作成した「スポーツ指導者のための倫理ガイドライン」の「差別」の項目においてようやく「性的指向や性自認」という語が含められたに留まっている。

3．セクシュアル・マイノリティにみる多様性

ここまで同性愛あるいはセクシュアル・マイノリティといった用語を定義することなく使用してきたが、ここで改めて用語の使い分けについて整理しておきたい。まず同性愛者は、基本的に自分の身体と同性の人物を性愛の対象とする人々のことを意味し、主としてゲイ（注2）とレズビアン、そしてバイセクシュアル（異性と同性の両性を性愛の対象とする）からなる。LGBTと表記する場合のLGBの部分はレズビアン、ゲイ、バイセクシュアルの頭文字を並べた頭字語である。Tはトランスジェンダーそして／あるいはトランスセクシュアルを意味するが、これらの定義にはあいまいさが残る。一つの整理の仕方として、トランスジェンダーは身体的な性と性自認の性が不一致な状態で生活を送っている人を意味する。その不一致の解消を目的にホルモン治療や外科手術を受け、身体の性を性自認の性に近づけた人をトランスセクシュアルと称する区分がある。つまりLGBは性的指向、Tは性自認を指標とした区分であり、両者は別次元にいるマイノリティ集団である（トランスジェンダーの人々の中には同性愛者も異性愛者もいることになる）。さらにはLGBTにインターセックス（I）を加える場合もある。インターセックスとは医学でいうところの性分化疾患であり、ここに区分される人は遺伝子、染色体、性腺、内性器、外性器などの生物学的・解剖学的特徴の一部または全てが非典型である。つまりそうした身体的特徴をもつ人々の性別

は、男性あるいは女性に単純には分類できない。そして本稿の表題にもあるセクシュアル・マイノリティは、身体的性別二元制や異性愛主義になじまないこれらの人々の総称として用いられる。

このように整理すると、一言でセクシュアル・マイノリティと呼んでもその内実は多様であることを理解していただけるだろう。そしてその多様性は、時としてセクシュアル・マイノリティの内部に階層や序列として現れる。セクシュアル・マイノリティにおいて数的マジョリティを占めるのはレズビアンやゲイなどの同性愛者であり、トランスジェンダーやインターセックスはさらにマイノリティとしての立場におかれることになる。また Symons and Hemphill（2006=2009）は、トランスジェンダー(T)やインターセックス(I)の人々のゲイゲームズ（注3）への参加をめぐる問題を取り上げ、そうした人々とレズビアンやゲイなどの同性愛コミュニティーとの間で軋轢が生じたことを報告している。

4. セクシュアル・マイノリティをめぐるポリティクス

さて、これまで述べてきたように時代と共に人々のセクシュアル・マイノリティに対する寛容さが高まり、人々がセクシュアル・マイノリティについての理解を深めるための教育プログラムやセクシュアル・マイノリティの人々がスポーツを享受するためのガイドラインの整備が進めば、セクシュアル・マイノリティのスポーツへのインクルージョンは徐々にではあるが進展をみるだろう。しかしこうしたインクルージョンに対しては、正義や公正、人権の保障といった次元とはまた異なる、国際社会におけるポリティカルな意味づけや解釈をすることができる。

Nai（2004）は国際政治場面において他国に政策の変更を迫る方法としての軍事力や経済力をハード・パワーとする一方で、ソフト・パワーという概念を提唱する。ソフト・パワーとは「強制や報酬ではなく、魅力によって望む結果を得る能力である（10頁）」。Nai はソフト・パワーを「魅力の力（27頁）」と強調し、さらにそうした魅力を生み出すソフパワーの源泉として文化、政治的価値、外交政策の三つをあげる。「ある国の文化の価値観に普遍性があり、その国が他国と共通する価値と利益を追求する政策をとっていれば、その魅力とそれが生み出す義務感によって、自国が望む結果を獲得できる可能性が高くなる（34頁）」。

セクシュアル・マイノリティの権利保障は「人権」や「民主主義」といっ

た普遍的価値観を背景としており、そうした価値観は多文化主義を志向する国内政策においては欠かせないものとなる。またある国がセクシュアル・マイノリティの権利保障を宣言すれば、それと同様の価値観を持つ諸外国の賛同を得ることになり、さらには外交上のヘゲモニー獲得に有利に働く可能性がある。他方、例えば２０１４年２月に開催されたソチ冬季オリンピック大会では、その前年にロシアで公的な場での同性愛的言動を取り締まる法律が施行されたこともあり、ロシア国内における同性愛者への迫害（注４）とそれに対する国際的な異議申し立てが起こった。こうした動向は、ロシアが「人権」を源泉とするソフト・パワーを失い、国内外の政策においてハード・パワー（特に軍事力）への依存を強めざるを得なかったことを意味している。

　このようにみると、セクシュアル・マイノリティのインクルージョンは単に社会における正義や公正の実現という次元を超えて、国際政治において各国がヘゲモニーを獲得する手段の一部としての意味合いを強く持つ。しかし、Naiの議論においてソフト・パワーは、ハード・パワーにとって代わる新たな力というよりはむしろそれを補完するものとして位置づけられている。つまり、ある国におけるセクシュアル・マイノリティの権利保障は、結局のところ20世紀型の軍事的・経済的なコロニアリズムを補強するに過ぎず、多様性、成熟、寛容を特徴とする社会の構築には結びつかないということになる（注５）。

5. ホモナショナリズム

　セクシュアル・マイノリティのインクルージョンが併せもつこうしたポリティカルな側面については、川坂（２０１３）がより深い考察を展開している。川坂（２０１３）は、前述のヒラリー・クリントン前国務長官の国連人権デー演説に象徴されるオバマ米大統領政権のＬＧＢＴ人権施策が、アメリカという国自体の発展とその安全保障の強化と密接に関わっていると分析する。アメリカの政治において軍隊は重要な役割を果たすが、同性愛差別的な制度の廃止はセクシュアル・マイノリティのうちの同性愛者（ＬＧＢ）にアメリカ軍への門戸を開いたものの、その陰で軍隊からトランスジェンダー（Ｔ）の人々が排除されたままであるという現実を見えなくさせる。またオバマ政権の人権に配慮した政策イメージは、無人偵察機を使ったテロリストの暗殺など、政権内の人権問題を語ることを困難にする。

　川坂はこうした様をPuar（2007）に

よるホモナショナリズム（homonation-alism）という概念を用いて説明している。ホモナショナリズムとは、アメリカ社会における異性愛主義を保ちながらもアメリカの国家的・文化的な優位性・進歩性を示しつつ、同性愛者がナショナリズムに取り込まれながら例外的に国家に内包されるナラティブである。その背景には同性愛者による近代国家主義と異性愛主義に親和的な政治的選択に加えて、9・11同時多発テロ以降に構築された「ホモフォビックで文明化されていないイスラム」というイメージがあり、そうしたイメージとの対比において同性愛者をも内包するアメリカの進歩性を描き優越性を作り出しているとされる（注6）。

6. プライドハウスをめぐるポリティクス

さて、以上のようなセクシュアル・マイノリティのインクルージョンをめぐるポリティカルな議論は、スポーツとどのように関わりうるのだろうか。ここでは近年のオリンピック大会において開設されたセクシュアル・マイノリティのためのパビリオンである「プライドハウス」を取り上げた井谷（2012）の論考を取り上げる。

2010年のバンクーバー冬季オリンピック大会開催に際しては、ゲイとレズビアンのアスリート、コーチ、その家族や友人のためのパビリオンであるプライドハウスが設置された。これは公式のオリンピック・パビリオンではなかったが、二人のゲイ・ビジネスマンが私財を投じることによって、オリンピック史上初のプライドハウスがバンクーバー市内に2か所、ウィスラーに1か所、計3か所に設置されたのである。

井谷（2012）はこのように同性愛者のプライドハウスの開設が実現した一方で、低所得者やホームレス、ネイティブ・カナディアン、環境保護団体による反オリンピック運動があったことを指摘する。特にネイティブ・カナディアンたちは、アルペン競技の会場となったウィスラーを「盗まれた土地」としてカナダ政府に返還を求める運動を長年展開してきており、「現在進行形の植民地主義」（井谷、2012、8頁）が進行している。そしてその土地の一部を占めるかたちで設置されたプライドハウスは、カナダで周辺化されてきた同性愛者を中核に迎え入れる一方で、ネイティブ・カナディアンや移民、ホームレスを二重の意味で周辺に置き去りにすることになった。見方を変えると、同性愛者の人権を擁護するリベラルな活動のメインストリーム化は、結果的にカナダ政府の土地開発にゲイ・フレンドリーなイメージをもたらすことによって、近代国家と市場経済の原理に飲み込まれることになったのである。

オリンピックが持つ政治経済的な側面、すなわち平和な国際的イベントというイメージ、資本や観光客の誘引、格差に対する市民の不満のガス抜き、国民国家の境界を再確認し強調する場などの側面を同性愛者たちが受け入れ、さらに対テロ戦争への支持に寄り添うことによって達成される同性愛者のオリンピックにおけるメインストリーム化は、やはりPuar（2007）のホモナショナリズムによって説明される。このような文脈から見ると、バンクーバーで実現したプライドハウスは「オリンピックによっていっそう周辺化された人達が排除された空間」（12頁）であり、セクシュアル・マイノリティのインクルージョンには差別と排除の内包という二面性が伴いうることを私たちに突きつける（井谷、２０１２）。

7．セクシュアル・マイノリティのスポーツへのインクルージョンをめぐって

以上、セクシュアル・マイノリティのインクルージョンをめぐるポリティクスについて、Naiのソフト・パワー論と、Puarのホモナショナリズムを引用した川坂と井谷の論考を参考に考えてきたが、これら3つの論点からはいくつかの共通したジレンマを見出せる。一つ目は、セクシュアル・マイノリティの権利や人権が社会やスポーツにおいて保障される背後で、マイノリティ集団内における序列化、あるいは中核／周辺化が生じているというジレンマである。このことはゲイ・ゲームズへの参加資格をめぐって同性愛コミュニティーとトランスジェンダーやインターセックスの間に軋轢が生じた事例、あるいはオリンピック大会におけるプライドハウス設置がネイティブ・カナディアンなどを二重の意味で周辺に置き去りにした事例に確認できる。

二つ目は、Naiが提示するソフト・パワーが軍事力や経済力といったハード・パワーを補完するに過ぎず、あるいはプライドハウスの設置が対テロ戦争への支持という意味合いをもつといったように、セクシュアル・マイノリティの権利保障が近代国民国家や自由主義的資本経済という枠組み自体を問い直すわけではなく、結局のところそうした枠組みに寄り添う形でしか実現できていないというジレンマである。

マイノリティ集団内に中核と周辺を作り出す、つまり同性愛者を内包しつつトランスジェンダーやインターセックスを排除するという一つ目のジレン

マは、オリンピック大会への参加資格問題とも関わっている。オリンピックにおいては性別確認検査によってトランスセクシュアルとインターセックスの人々を排除してきた歴史がある。性別確認検査はすでに廃止され、トランスセクシュアルのアスリートには具体的な参加条件が定められた（注7）。しかし国際オリンピック委員会はインターセックスのアスリートに対して何ら根本的な解決策を示しておらず、おそらく男女別の競技実施という性別二元制をとり続ける限りはそれを示すことはできないであろう。インターセックスの人々は、ソフト・パワー論的に解釈すれば「スポーツ」「医療」「セックス（生物学的な性）」という三つの源泉が交差する身体をもつ。二つ目のジレンマとして現れる、現在の競技スポーツ界の性別二元制という枠組みの妥当性を問い直すことができるのは、こうした身体を持つインターセックスの人々なのかもしれない。

セクシュアル・マイノリティのスポーツへのインクルージョンは今後もポリティカルな文脈でいくつかのジレンマに直面しながら進んでいくと思われる。問題は、ジレンマが生じているということよりも、そのこと自体が不可視化されることにあるだろう。ジレンマを抱えながらもインクルージョンを進めるためには、オリンピックやスポーツに対する批判的な議論を常にオープンにしておくことが必要である。

（明治大学／トロント大学大学院）

【注】

（注1）フォビアとは恐怖症や嫌悪を意味し、ホモフォビアは同性愛嫌悪、トランスフォビアはトランスジェンダー／セクシュアル、あるいはインターセックスに対する嫌悪を意味する。ちなみに、女性や女性らしさに対する蔑視あるいは偏見はミソジニーと呼ばれる。

（注2）「ゲイ」という呼称は、男性同性愛者としての意味と、男性か否かには関わらず同性愛者全般としての意味をもつ。

（注3）ゲイゲームズとは同性愛者を対象として始まった複合型スポーツ大会である。１９８２年にアメリカのサンフランシスコで第1回大会が開催されて以降、4年に1回開催されており、２００２年のシドニー大会からはトランスジェンダーとインターセックスの人々にも参加資格が与えられた。２０１８年にはパリで開催される予定である。

（注4）ソチ市内で行われた同性愛を支持するパフォーマンスを取り締まる映像、あるいはロシア国内における同性愛者に対する暴力を加える映像は以下のURLから視聴することができる。いずれも２０１３年3月27日に最終アクセス。
https://www.youtube.com/watch?v=ivT-I-xtdY
https://www.youtube.com/watch?v=zMTbFSJ_Tr4

（注5）この議論は、ゲイ・ツーリズム（同性愛者を対象としたツーリズム）というかたちでのセクシュアル・マイノリティの市場参入が、結局のところ近代的・新自由主義的資本主義という枠組みを揺るがしはしないという市場経済的側面にお

ける議論と共通している。

（注６）ただし川坂は、Puarとそれに基づく論者の議論が、アメリカとイスラムを枠組みとする極端な二元論や差異化に陥っていることを批判的に考察している。

（注７）性別確認検査はオリンピック大会に出場する女性アスリートだけを対象として１９６８年のローマ大会で導入され、２０００年のシドニー大会で廃止された。また性別を変更した競技者に対してＩＯＣは、①性別適合手術を受ける、②法的に新しい性となる、③適切なホルモン治療を受けて手術後２年間が経過している、の３条件を満たした場合に出場することを認めており、２００４年のアテネ大会から適用された。

【参考引用文献】

Caroline Symons and Dennis Hemphill (2006) "Transgendering sex and sport in the Gay Games", edited by Jayne Caudwell, Sport, Sexualities and Queer/Theory, Routledge, NY.（藤原直子訳（２００９）スポーツとジェンダー研究７：53‐70。）

藤山新ほか（２０１０）スポーツ領域における性的マイノリティのためのガイドラインに関する考察、スポーツとジェンダー研究８：63‐70。

藤山新ほか（２０１４）体育・スポーツ関連学部の大学生を対象としたスポーツと性的マイノリティに関する調査結果、スポーツとジェンダー研究12：１‐12。

石原英樹（２０１２）日本における同性愛に対する寛容性の拡大―「世界価値観調査」から探るメカニズム―、相関社会科学22：23‐41。

井谷聡子（２０１２）〈新〉植民地主義におけるオリンピックとプライドハウス、スポーツとジェンダー研究10：４‐15。

川坂和義（２０１３）アメリカ化されるＬＧＢＴの人権：「ゲイの権利は人権である」演説と〈進歩〉というナラティブ、Gender and Sexuality: Journal of Center for Gender Studies, ICU, 8: 5-28.

風間孝ほか（２０１１）性的マイノリティのスポーツ参加―学校におけるスポーツ経験についての調査から―、スポーツとジェンダー研究９：42‐52。

Nai Joseph S. (2004)"Soft Power: The Means to Success in World Politics", Public Affairs.（ナイ、ジョセフ・Ｓ（２００４）山岡洋一訳「ソフトパワー：21世紀国際政治を制する見えざる力」、日本経済新聞社。）

（公財）日本体育協会（２０１４）スポーツ指導者のための倫理ガイドライン。

Puar, J. (2007)"Terrorist Assemblages: Homonationalism in Queer Times", Durham and London: Duke University Press.

スポーツとガバナンス

香山リカ

はじめに

筆者は、2013年2月13日に設置された公益財団全日本柔道連盟(以下、「全柔連」とする)「女子選手に対する暴力的指導が行われた問題(以下、「本件問題」とする)に関する第三者委員会」の委員のひとりに任命された。

本稿では、その調査、答申の作成を通じて、全柔連に欠けていたのは組織を運営する上での「ガバナンス」であるという観点から、「スポーツ団体とガバナンス」の問題について思うところを述べてみたい。

その前に、「ガバナンス」について若干の説明を加えたい。「ガバナンス」は正式にはコーポレート・ガバナンスと言い、一般的に「企業統治」と和訳される。これは単に組織のリクス管理体制を指し示すだけでなく、企業の組織マネジメントにおける「企業を健全に運営する仕組み」と理解されており、具体的には「経営の透明性」「アカウンタビリティ(説明責任)」「経営コントロール」がガバナンスの3要素だと考えられている。また、最近では民間企業だけではなく、今回の全柔連を含むスポーツ団体などの組織にも必要であると考えられている。

さて、第三者委員会は、全柔連理事会に諮問された以下の二点についての審議を行い、同3月12日に答申を行った。諮問された二点とは、次の通りである。

第一　本件問題に対する全柔連の対応上の問題点、その責任の所在、関係者に対する処分の妥当性の検証

第二　上記第一に関する検証の過程で判明した全柔連の組織上の問題点等の改善に関する方策

第三者委員会は、委員長は前検事総長で弁護士の笠間治雄、委員は空手家の高橋優子、日本サッカー協会副会長の田嶋幸三、柔道元フランス代表で慶應大学柔道部コーチのピエール・フラマン、筆者の5名により構成された。関係者約20名に聴き取り調査を行って作成した報告書は、全柔連のホームページに全文が公開されている（http://www.judo.or.jp/p/992）ので、ここでは詳細を述べることはしない。ただ、本件問題についての概要と、とくに上記第二の点に関して委員会が行った「改革の提言」について簡潔に記しておきたい。

問題の発生とその経緯

２０１２年9月下旬に、ナショナルチームの女子選手Aが強化合宿中にB監督に暴力を振るわれたことを関係者に相談、その後、10月７日頃には全柔連会長以下、幹部にも知るところとなった。幹部の中には関係者や指導者などに事実の確認を行い、本件問題の概要を把握している者もいた。

幹部は本件問題をA選手とB監督の個別的問題ととらえ、その信頼回復の修復が問題の解決につながると考えた。その後、幹部が関与してB監督への個別な注意やA選手との関係の回復をはかるよう、働きかけた。

12年11月11日、オリンピック代表を含む女子ナショナルチームの選手（引退した選手を含む）15名が「全日本柔道連盟女子ナショナルチーム、コーチにおける暴力行為を含むパワーハラスメントについて」と題する書面を、日本オリンピック委員会(以下、「ＪＯＣ」とする）女性スポーツ専門部会に提出した。

それを受けて全柔連による聴き取り調査の結果を受けて、２０１３年1月19日に全柔連の倫理推進部会は、暴力行為に関わったB監督と男性の元コーチ2名及び、連帯責任として強化委員長、コーチ4名を「柔道家として倫理に反する行為があった」として「戒告」

処分にした。また、女子ナショナルチームの監督・コーチ全員に本件問題の経過報告と指導、再発防止命令を行い、合宿に参加している女子選手全員に経過報告と謝罪を行った。

2013年1月30日、先の女子選手15名によるJOC提訴が報道機関により一斉に報道され、翌1月31日にはB監督は記者会見に臨み、謝罪の上、監督辞任を表明した。B監督は2月1日に正式に監督を辞任、その後、同時に強化委員長、コーチ1名も辞任した。

暴力的指導と認識のギャップ

第三者委員会は上記の通り、関係者約20名の聴き取り調査を行い、2010年から12年にかけてB監督からA選手へ試合時、合宿時に6件の暴力的指導（暴言を含む）があったこと、さらにトレーニングセンターでも常態的に暴力に近い指導があったことを確認した。その詳細を記すことは避けるが、複数回にわたる素手や箒の柄での殴打、「死ね」といった暴言が含まれている。

ところが、聴き取り調査や記者会見の中でB監督は「選手に手を上げることを必ずしも暴力とは思っていなかった」「強化の過程での暴力は許されると思った」と述べるなど、殴打を暴力と認識していないとも認識していても許されると取れる発言を行った。また、これはB監督に限ったことではなく、聴き取り調査の過程で他の複数の全柔連幹部も「暴力的指導を受けて強くなっている選手がいるのは事実」「殴られるのが嫌か、負けるのが嫌か、ということだ」など、暴力容認あるいは肯定派とも取れる発言をした。

しかしこれは、「精力善用」「自他共栄」といった柔道の祖・嘉納治五郎の理念にも、あらゆる指導の場における暴力を撤廃しようとする昨今のスポーツ界の潮流にも、二重の意味で抵触するものである。また、全柔連にはそれまで暴力的指導を否定する明確な指針は、存在していなかった。「指導のためには暴力もやむなし（あるいは、不可欠）」という社会との大きな認識のギャップが存在していたのである。

また、ギャップは、暴力に対する社会の考え方との間にのみ存在したのではない。

12年11月にJOCへの提訴に踏み切った女子選手たちは、10月末にブラジルにおいて行われた国際大会で、すでに幹部から指導を受けたB監督がA選手に対してどのような態度で接するかを注視していたと聴き取り調査で語った。しかし、B監督はA選手に対して「俺に何か文句があるのか。俺を嫌いなんだろう」と暴力的指導を全柔連関係者に訴えたことを非難するような発言をし、その際、その場にいた強化委員長（当時）も「監督を訴えてやれ」と言うなどA選手を揶揄するような態度であったという。さらに、国際大会で団体優勝という結果が出た後のミーティングでは、「暴力的指導があったから勝てた」といった主旨の発言がB監督の口から出たとの情報もあった。

これらは、A選手の暴力的指導を個別の問題ととらえず、組織が本質的に抱える暴力容認あるいは肯定派の体質と考え、そこから派生する様々な問題とともに抜本的な対策を期待していた女子選手たちをいたく失望させることになった。

公表されたJOCへの提訴の文面には次のような文言が並んでいた。一部を抜粋して紹介しよう。

「私たちが全柔連やJOCに対して訴え出ざるを得なくなったのは、憧れであったナショナルチームの状況への失望と怒りが原因でした。

指導の名の下に、または指導とは程遠い形で、B監督によって行われた暴力行為やハラスメントにより、私たちは心身ともに深く傷つきました。人としての誇りを汚されたことに対し、ある者は涙し、ある者は疲れ果て、またチームメートが苦しむ姿を見せつけられることで、監督の存在におびえながら試合や練習をする自分の存在に気づきました。代表選手・強化選手としての責任を果たさなければという思いと、各所属先などで培ってきた柔道精神からは大きくかけ離れた現実との間で、自問自答を繰り返し、悩み続けてきました。」

つまり、選手たちはこれを単なる個別の暴力事件で終わらせるのではなく、組織に内在するパワーハラスメント問題と考え、さらには選手の自主性を尊重しない指導のあり方、監督・コーチ、選手の選定基準の不明確性、全柔連のパワーハラスメント問題に対する真摯な調査・対応の欠如等に対する不満を訴え、改善を願っていたのであるが、全柔連はそれをまったく理解することなく、その間、B監督がA選手に謝罪して見かけ上の和解が行われたことで「一件落着」と考えていたようである。

欠けていたガバナンス

繰り返しになるが、全柔連幹部は2012年10月上旬の段階で本件問題の存在を認識していたにもかかわらず、それを個別の人間関係の問題ととらえ、A選手とB監督の間での和解が解決と考えてその方向に動いた。

しかし、ナショナルチームに属するA選手が公式な合宿や試合の際に暴力を受けていたとなれば、まずは組織全体の問題をとらえ、調査を実施し、その情報を全体で共有するのは当然のことであろう。そして事実認定を行い暴力の蔓延の有無を把握した上で、これらが単なる個別の問題なのか構造的な問題なのかを判別し（実際に女子選手たちは後者ととらえたからこそ提訴を行ったのである）、原因を解明した上で、再発防止のために取り得る策をすみやかに講じる義務がある。

そしてその上で、責任の所在を明らかにして人事上の処分を行うのも重要だ。本件問題では２０１３年1月19日になってから、B監督、強化委員長、コーチらを「戒告」処分としたが、問題発覚からの時間を考えれば遅きに失したと言わざるをえない。さらに、監督や強化委員長の辞任は、問題がマスコミによって公表された後であった点にも注目したい。前述した記者会見での発言を見ても、監督らは女子選手らがＪＯＣに提訴した理由を正確に把握することなく、あくまで個別の暴力事件が世間に公表されて批判された、という理解のままで辞任したと思われる。

さらに重大な問題は、こういった経緯が発覚したのは、２０１３年1月30日にマスコミが一斉にこの件を報道したことが契機になったことだ。ちょうど当時は大阪・桜宮高校のバスケットボール部に所属していた生徒の自殺と顧問の体罰との関連がマスコミでさかんに取沙汰されていた時期であり、世間では「高校に続いて全柔連でも暴力的指導が起きたのか」と時系列を錯覚する声もあった。しかし実際には、全柔連でこの問題が起き、幹部が知悉することになったのはそれよりも約4ヶ月も前のことだったのだ。このように、全柔連からの情報開示ではなく、マスコミの報道によってようやく本件問題が世間の知るところになったのも、組織のリスクマネジメントの観点から考えると非常に深刻な失点といえる。

こうやって考えてみると、本件問題ではきっかけとなった「個別の暴力的指導」そのものが時流に反する重大な問題であるばかりではなく、その後の全柔連の対応からもそれまでの組織運営さらには危機管理能力にさまざまな問題があることが浮き彫りになり、最初のできごとは「氷山の一角」であり

「起きるべくして起きた問題」と言うほかないことがわかる。また特筆すべきは、全柔連という組織全体が機能不全に陥っていたわけではなく、ＪＯＣに提訴した女子選手たちのように問題に気づき、暴力的指導の件をきっかけに改善を求める動きを起こした人たちもいたということだ。ところが、全柔連はＪＯＣが関与して事が大きくなったことを危惧して急ぎ聴き取り調査や戒告処分を行っただけで、女子選手たちの思いが正しく伝わることはなかったのだ。

このように、本件問題は、全柔連という長い歴史と全国的規模を持つ大きな組織のガバナンスに関する問題であると言うことができるだろう。

第三者委員会からの提言

第三者委員会も、本件問題を個別の暴力問題としてではなく、組織全体のガバナンスにかかわる深刻な事態と考え、答申で次のような改善に向けた提言を行った。項目だけを次に列挙しておきたい。

（1）明確な指導方針の提示とその徹底
・具体的な指導方針の策定と周知
・指導者資格制度および資格剥奪制度の確立
・子どもプロジェクトの推進
・規律委員会、裁定委員会制度の創設

（2）全柔連組織の改革
・外部第三者の執行部中枢への登用
・女性理事の登用

（3）強化システムの再検討
・監督、コーチ人事の明確化
・ナショナルチーム指導者と所属の指導者との連携強化
・ナショナルチームへの選手選抜、代表選手選抜の際の説明責任
・女子強化委員会ないし強化委員会内の女子専門部門の創設＊女性監督、女性コーチの導入

（4）コンプライアンス（法令順守）の徹底
・コンプライアンス委員会の設置
・相談、通報窓口の整備＊コンプライアンス、倫理研修制度

（5）リスクマネジメント体制の整備
・組織内の調査委員会の制定
・説明責任と情報公開

なぜスポーツ団体にガバナンスが必要か？

以上、概観してきたように、全柔連では組織の規模に比してガバナンス機

能がほとんど不全状態に陥っており、暴力問題もその後の対応のまずさも結局のところその結果として生じたと考えることができる。

では、なぜ全柔連のガバナンスはこれほどの機能不全を呈したのか。そこには全柔連独自の問題とスポーツ組織の問題が二重に関係しているだろう。まずこの組織独自の問題としては、柔道が日本生まれの伝統種目であり、時流に乗ることや世の中の変化を受け入れることにともすれば拒絶的になりがちということがあげられる。「スポーツ界は暴力的指導を根絶しようとしている」と言われても、「柔道には柔道のやり方がある」とむしろかたくなに受け継がれた指導法を徹底しようとする動きが生じることは想像にかたくない。

また、聴き取り調査でのある幹部の「殴られるのが嫌か、負けるのが嫌か」という言葉に象徴されるように、いわゆる〝日本のお家芸〟の使命として「金メダルのためには手段を選ばない」というメダル至上主義に陥りやすい雰囲気があったことも否めない。とくに女子柔道は国際大会でも期待にこたえる成績を残せない時期が続き、幹部、監督、コーチなど心理的に追い詰められた状況にあり、その不安やあせりが選手への暴言、暴力などにつながった可能性もある。

ただ、こういった柔道の世界独自の問題を差し置いても、スポーツ界では全体に組織のガバナンスの整備が遅れていると言われている。

２０１３年に公益財団法人として認定された「日本スポーツ仲裁機構」は、スポーツ団体にガバナンスが必要とされる理由を、同機構のホームページでこう説明している。

「これまでスポーツ団体の運営では、スポーツの強化、普及という各団体の目的に従って、ご尽力されてきた成果もあり、特に大きなトラブルも生じて来なかったと思います。

ただ、以前と比べて、現在のスポーツ団体には大きな社会的責任があると指摘されるようになってきています。このため、スポーツ強化、普及に尽力するだけでなく、トラブルのない、社会から信頼されるスポーツ団体を運営していくためには、「ガバナンス」が必要だと言われ始めました。」

つまり、現在、スポーツやその団体は今や社会に大きな影響力を持つようになってきたが、それに伴う「社会的責任」についてはこれまであまり顧みられなかった、ということだ。同機構は、これからのスポーツ団体は「社会から信頼を得ること～社会は『身内』ではない視点の重要性」を自覚する必要がある、と主張する。この視点こそ、全柔連に完全に欠けていたものである。同機構の説明をもう少し見てみよう。

「これまで注目されることが少なかった時は、競技者や指導者などの、いわば『身内』を考えて、先輩後輩の関係や、指導者と競技者という密接な関係に基づくスポーツ団体運営をすることが可能でした。しかしながら、注目が大きくなった今では、スポーツ団体に関係するのは、競技者や指導者だけではありません。テレビ、新聞や雑誌などのメディア、スポンサーのみならず、いろいろな考えを持っている人々を含む社会全体を意識する必要が出てきています。

そこで、この社会全体が納得し、社会から信頼されるスポーツ団体運営を行うために、『ガバナンス』が必要であるといわれるようになってきているのです。」

今回の全柔連の問題は、そもそもは個別の暴力として発覚し、組織はそれをあくまで個人間の問題と考え続けたところに致命的な問題があった。アメリカの１９６０年代の女性解放運動には、「The Personal is Political」という言葉がある。自分では家庭内の個別の問題であると考えていても、その背景には必ず社会的、政治的、構造的問題があるということだ。

今回の問題でＪＯＣに告発を行った女子選手たちを影で励まし続けた女性柔道家・山口香氏は、選手たちにこう言ったと朝日新聞のインタビューで答えている。

「あなたたちは何のために柔道をやってきたの。私は強い者に立ち向かう気持ちを持てるように、自立した女性になるために柔道をやってきた。」

女子選手たちはこの同僚選手への暴力問題を「Political」なものととらえ、告発を行うことで、自立した女性であろうとした。その後、全柔連には「暴力根絶プロジェクト」が作られるなど、ガバナンスの立て直しにも全力で取り組んでいる姿が見られる。告発を行った女性選手たちの思いが本当の意味で幹部たちに届き、全柔連がガバナンスの整った正常な組織に生まれ変わることを心から祈りたい。

（精神科医）

特集　スポーツ・インテグリティーを考える―スポーツの正義をどう保つか

コーチ教育にインテグリティーが求められるとき

伊藤雅充

コーチはスポーツを善にも悪にもできる力を持っている

これまで、今ほどにコーチの資質能力向上に関する議論が湧き起こったことがあっただろうか。数年前に顕在化した女子柔道界におけるコーチによる選手への暴力行為やハラスメント、およびコーチから暴力行為を受けていた高校生の尊い命が失われた事件がこれらの議論の引き金になったことは間違いないだろう。しかしながら、スポーツにおける暴力行為やハラスメントは今に始まったことではなく、日本のスポーツ界に潜在的に存在していたことは否定できない。日本体育協会、日本オリンピック委員会、日本障害者スポーツ協会、全国高等学校体育連盟、日本中学校体育連盟は、平成25年4月に共同で発表した「スポーツ界における暴力行為根絶宣言」(11)において、これまでスポーツ活動の場において暴力行為が存在していたことを認めるとともに、暴力行為の根絶に対する取り組みが十分であったとは言えないと反省の念を示した。そして、この宣言によって、いかなる暴力行為とも決別する決意を表している。文部科学省のスポーツ指導者の資質能力向上のための有識者会議は、「現実には、コーチがコーチングに必要な知識・技能を十分に習得しておらず、コーチングの意味や目的を十分に考えずに倫理的に認められない行動や不適切なコミュニケーションをとってしまったり、非合理的なトレーニングを行って競技者やチームのパフォーマンスを低下させてしまう状況がいまだに見受けられ」ると述べ、「コーチの学び」に対する問題を指摘している(10)。スポーツ基本法(9)において「スポーツは、心身の健全な発達、健康及び体力の保持増進、精神的な充足感の獲得、自律心その他の精神の涵養等のために個人又は集団で行われる運動競技その他の身体活動」と定義されている。しかし、スポーツを牽引する立場にあるコーチの考え方や資質能力によっては、スポーツはスポーツ基本法の定義にあるような効果をもたらすこともあれば、全く逆の結果を導いてしまう可能性も否定できない。社会活動の一つとして存在するスポーツの健全性を保持しさらに発展させていくには、社会としてコーチの資質能力向上に責任を持って取り組むことが重要である。本稿では、コーチの資質能力向上に焦点をあて、コーチの学びという観点から、今後のコーチ教育のあり方について議論する。

コーチの学びを支援するコーチ教育

ここであえて「コーチの学び」と「コーチ教育」という二つの言い回しをしたのには理由がある。コーチ教育とはある教育環境の中でコーチの学びを体系的に導いている場合を指す。一方、コーチの学びは教育環境の外でも様々な形で起こっており、むしろ教育環境外で起こっている割合が大きいといわれている。国際コーチングエクセレンス評議会（ＩＣＣＥ）が２０１３年に発行した国際スポーツコーチング枠組み（ＩＳＣＦ）(6)の中に、コーチの学びの場が端的にまとめられている（図1）。図中、左側の円は媒介学習と呼ばれ、他者の直接的な手助けや、教材等による手助けを受けながら学ぶ方法である。媒介学習はさらにフォーマル学習とノンフォーマル学習に分類される。フォーマル学習とは日本で言えば日本体育協会が行っている公認スポーツ指導者資格制度や大学等で行われている学位プログラム等のことを指す。ノンフォーマル学習は公式な教育制度の枠組み外で行われている教育活動であり、クリニックやセミナー、メンタリング等がこれに該当する。右側の円は非媒介学習と呼ばれるもので、コーチが自らの学びを開始し、自分が何をどのように学ぶのかを選ぶことができる。実践の場での自主的な内省や読書などがこれにあたる。非媒介学習の円が媒介学習の円よりも大きく描かれているのは、コーチの学びにとって非媒介学習の貢献が大きいと言われているためである。今後のコーチ教育の

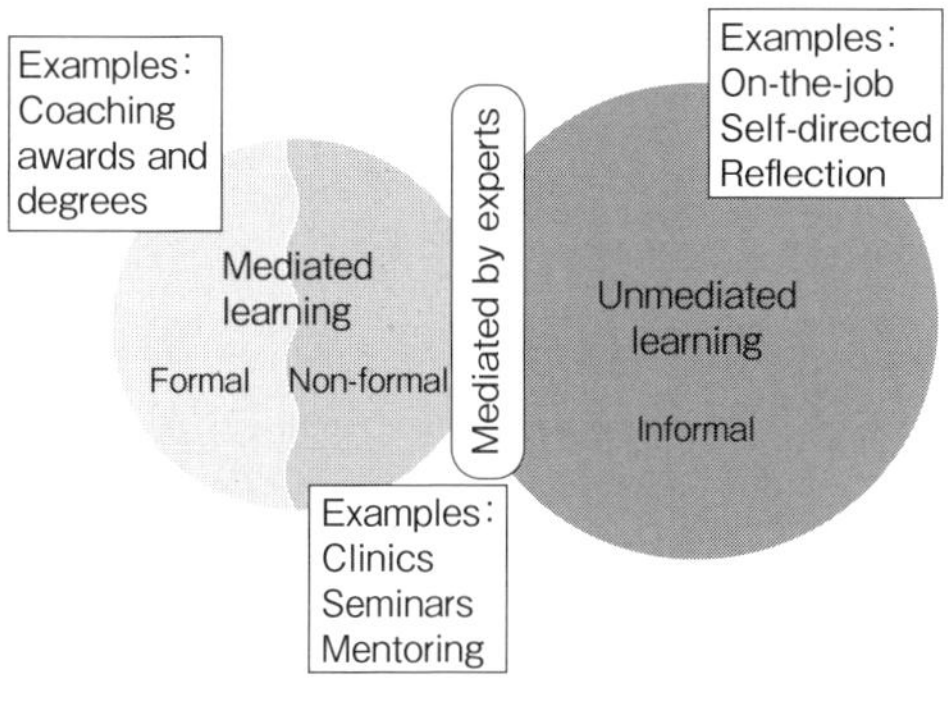

図1　コーチの学びの場[6]

あり方を考える際には、図1に示されている様々なコーチの学びの全体像を念頭におき、媒介学習のひとつであるコーチ教育プログラムがその他の学びをより効果的なものにしていくことができるよう留意していくべきである。さもなくば、これまでのコーチ教育プログラムがさらされてきた批判を払拭し、コーチ教育がスポーツの健全性に対して今以上の貢献をすることは期待できない。

　コーチ教育プログラムの効果については、肯定的な意見もあるが、それにもまして多くの疑問が投げかけられてきた。たとえば、コーチ教育プログラムで扱われる内容は抽象的で基本的な理解を得る以上のものを与えず、現場レベルでは活用が困難であるといったことをコーチが感じているという。また、比較的短期間に多くの情報を詰め込もうとすることも批判の一つとして挙げられる。もうひとつの重要なポイントは、コーチ教育プログラムの多くが既存の学問分野を基本にカリキュラムを構成しており、講義を担当する講師も大学の研究者であることだ。彼らは、それぞれの学問領域の専門家であってもコーチング現場でその知識を活用したことのない場合が多い。その点、現在の日本体育協会公認スポーツ指導者資格制度では、テキスト内の項目が目的別にまとめられ、講義もそれに沿って行われており、当然ながら改善の余地はあるものの、受講者目線で改訂が行われたという点で評価できるものだと考えている。しかし、公認スポーツ指導者資格制度の講習会および大学の授業は座学による知識伝達が中心となっており、講師によって伝達される宣言的知識を自分が実際に行う知識（手続的知識）として身につけるのは受講者側に丸投げされている現状がある。現在、国民体育大会の監督については、公認スポーツ指導者資格の保有が義務づけられており、コーチングの質の確保という意味では良い方向性だと考えられる。その一方、海外の調査では、義務として講習会に参加しているため学ぶ意欲の低い参加者もいるという報告もあり[13]、日本においても同様の課題はあるものと予測する。このような参加者の場合は、資格取得のために講義内容等に不同意であったとしても意図的にそれを隠して、外向きには講義内容を受け入れているように見せかけているという報告もある(2)。これら、コーチ教育プログラムを取り巻く課題を踏まえつつ、よりバランスの取れた効果的なプログラムの開発を目指していく必要がある。

　コーチの資質能力向上をより効果的に実現させるためには、コーチを学習者として捉え、媒介学習と非媒介学習の両方を効率的に組み合わせて学んでいけるような手立てが必要だ。その立場からいえば、効果的なコーチ教育プログラムとは、コーチが自主的に行う非媒介学習を加速化させられるような影響をコーチに与えることと言えるだろう。そのためには、現在の多くのコーチ教育プログラムが行っているような科学的コンテンツの伝達だけに終わらず、コーチが学びのプロセスを学ぶことができ、コーチングの現場などで自らが主導した非媒介学習を行えるようなスキルの開発も併せて行っていくべきである。

　これまでの典型的なコーチ教育プログラムは、学問体系に準拠するかたちで、各領域の研究の専門家が知識伝達型の講義を行うものであった。あたかも、受講生を空の器と見立て、講師側が持っているもっと大きな器に入った情報を、受講生の器に注ぎ込んで溢れさせ、講師は自らの器の中身を注ぎきって「教えた」と満足しきっているようなものだと言えなくもない。コーチ教育プログラムの受講生は、ほとんどの場合がコーチとしての経験及び（あるいは）プレーヤーとしての経験を有している。コーチとしての学びはプレーヤー時代から始まっており、そこでの成功体験や失敗体験など様々な経験を通して、自らの中に信念や価値観が形作られている。効果的なコーチ教育プログラムは、個々の経験に基づいた多様な信念や価値観を前提にして展開される必要がある。様々なところでプレーヤーを中心にしたコーチングが求められ、プレーヤーの自主性・自発性を引き出すことが重要であるとされているにも関わらず、かたやコーチ教育となると学びの主体がコーチであることを忘れてしまっているケースが少なくない。コーチがコーチ教育プログラムの中で学習者主体の学びを経験することで、彼らがコーチングを行う際にプレーヤーを学びの主体とした展開が可能になるだろう。

　これらの事を踏まえたコーチ教育のカリキュラムができあがったとしても、それを実際に展開するには大きな壁が立ちはだかっている。誰がこのプログラムを展開するのかという問題である。先述のように、現在のコーチ教育プログラムの各講義は各専門領域の研究者が行っている場合が多い。彼らの中には新しいプログラムに柔軟に対応できる者もいることだろう。しかし、彼らの得意分野は研究であってコーチ教育ではない。必要とされるのはコーチ教育の専門家である。ＩＣＣＥをはじめ、様々な組織が既にこの人材の育成に取り組み始めている。図1の媒介学習と非媒介学習の円が接する場所にエキスパートによる媒介と記されているが、これがまさにコーチの学習曲線を加速化させる存在であるコーチ育成者（Coach Developer）である。

ＩＣＣＥは２０１４年７月に英国・グラスゴーで行われた世界コーチハウスにて国際コーチ育成者枠組み（ＩＣＤＦ）[7]を発表した。より良い競技者の育成にはより良いコーチが必要であり、より良いコーチが必要であれば、彼らを育成するより良いコーチ育成者が必要であるとの考え方から、コーチの効果的な学びを媒介する専門家の必要性を説いている（図2）[1]。それと同時に、ＩＣＣＥはコーチ育成者の選抜は注意深く行うべきであると述べている[7]。コーチングシステムの健全性や効果に対してコーチ育成者が大きな影響力を持つためだ。図3はＩＣＤＦに掲載されているコーチとコーチ育成者の関係を示した図である[7]。左の円柱がＩＳＣＦの中で述べられているコーチのパスウェイで、中央の円柱がコーチ育成者のパスウェイである。コーチとして上位の資格を有する者が最上位のコーチ資格（マスターコーチ）の次のレベルとしてコーチ育成者となるのではなく、コーチ育成者としての資質を有する者がコーチ育成者としてのパスウェイを進むことが想定されている。アスリートとして成績を残す能力と、コーチとして良い結果を残す能力が異なるように、コーチとして必要となる能力とコーチ育成者として必要となる能力は必ずしも一致しないという考えからこのようなスタイルとなっている。学習のエキスパート

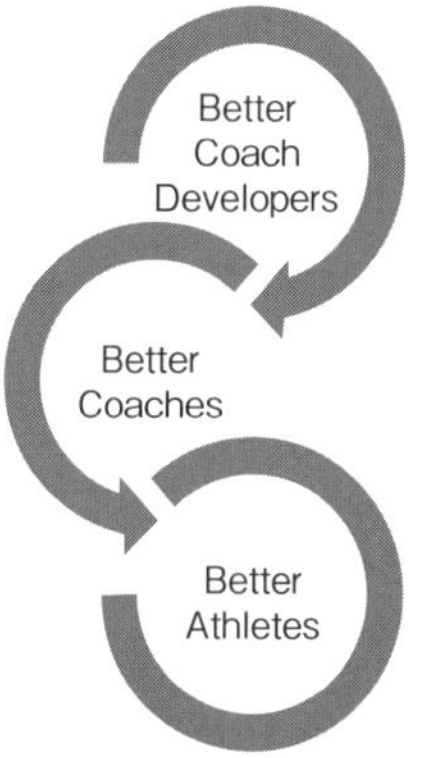

図2　アスリート―コーチ―コーチ育成者の関係[1]

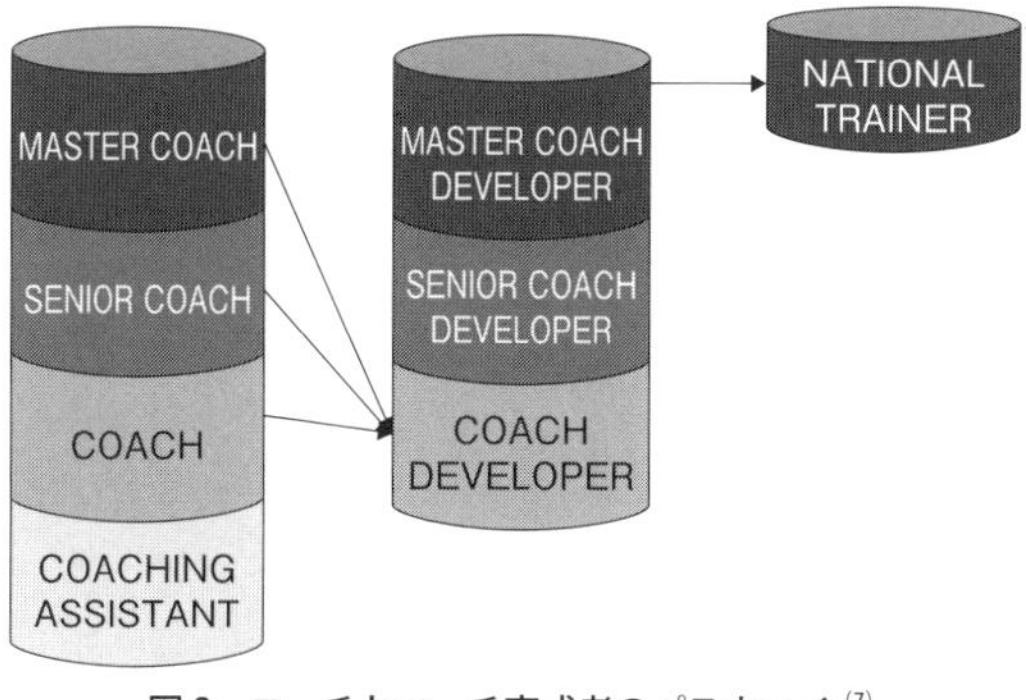

図3　コーチとコーチ育成者のパスウェイ[7]

であり、優れた実践のロールモデルとなり、成長的マインドセットを有し、批判的な内省スキルを有し、自らを成長させることに情熱を注げるコーチ育成者が、コーチに学び方や内省の仕方を伝えることで、コーチを〝学ぶコーチ〟に導いていく。

2015年2月に日本体育大学（NSSU）は、文部科学省スポーツ・アカデミー形成支援事業の一環として、ICCEとの連携のもと、NSSU Coach Developer Academy（NCDA）を立ち上げた。ここでは、事前オンライン学習、対面学習、事後オンライン学習プログラムを受講し、所定のタスクの遂行、ポートフォーリオ提出、スカイプを使ったICCEマスタートレーナーによるメンタリング等を通してICCE公認コーチ育成者の資格を取得することができる。ICCE公認コーチ育成者資格を取得できるのは現時点では世界でもNCDAのみである。現在、プログラムは全て英語にて展開されているが、NCDAでは数年後に日本語でのプログラム展開も並行して行うべく準備を進めている。

コーチ教育カリキュラムの将来像

コーチ教育は効果的なコーチングの実践を目指していることは言うまでもない。効果的かどうかの判断は信念や価値観に依存する。勝つことに多大なる価値をおくことが様々な弊害を招く可能性があることは各所で指摘されている。何をもって効果的とするのかの判断に関する議論は他に任せることとし、ここではコーチング学領域で現在捉えられている効果的なコーチングについて述べることにする。

図4はCôtéら(3)が示したスポーツにおける個の資産の枠組みを筆者が和訳し一部修正したものである。この中では、スポーツに参加することの最終的な成果は「参加」「パフォーマンス」「個の成長」であるとされている。また、効果的なコーチングは「あるコーチングコンテキストにおいて、一貫して専門的知識、対他者の知識、対自己の知識を駆使し、アスリートの有能さ、自信、関係性、人間性を向上させる」ことであると定義されており(4)、個の資源である有能さ、自信、関係性、人間性を向上させることが、最終的に参加、パフォーマンス、個の成長という成果につながると期待されている。しかし、コーチは個の資産に直接働きかけることはできず、動的要素といわれる多様な活動への参加、質の高い関係、適切な環境に対する働きかけを行うことで、間接的に個の資産に対する影響を与えなくてはならない。コーチングが行われるコンテキストはとても複雑かつ動的で混沌としており(8)、コーチは構造化された即興(5)が適切に行

えるように、コーチングのための知識を獲得しておく必要がある。この手助けをするのがコーチ教育プログラムの役割である。

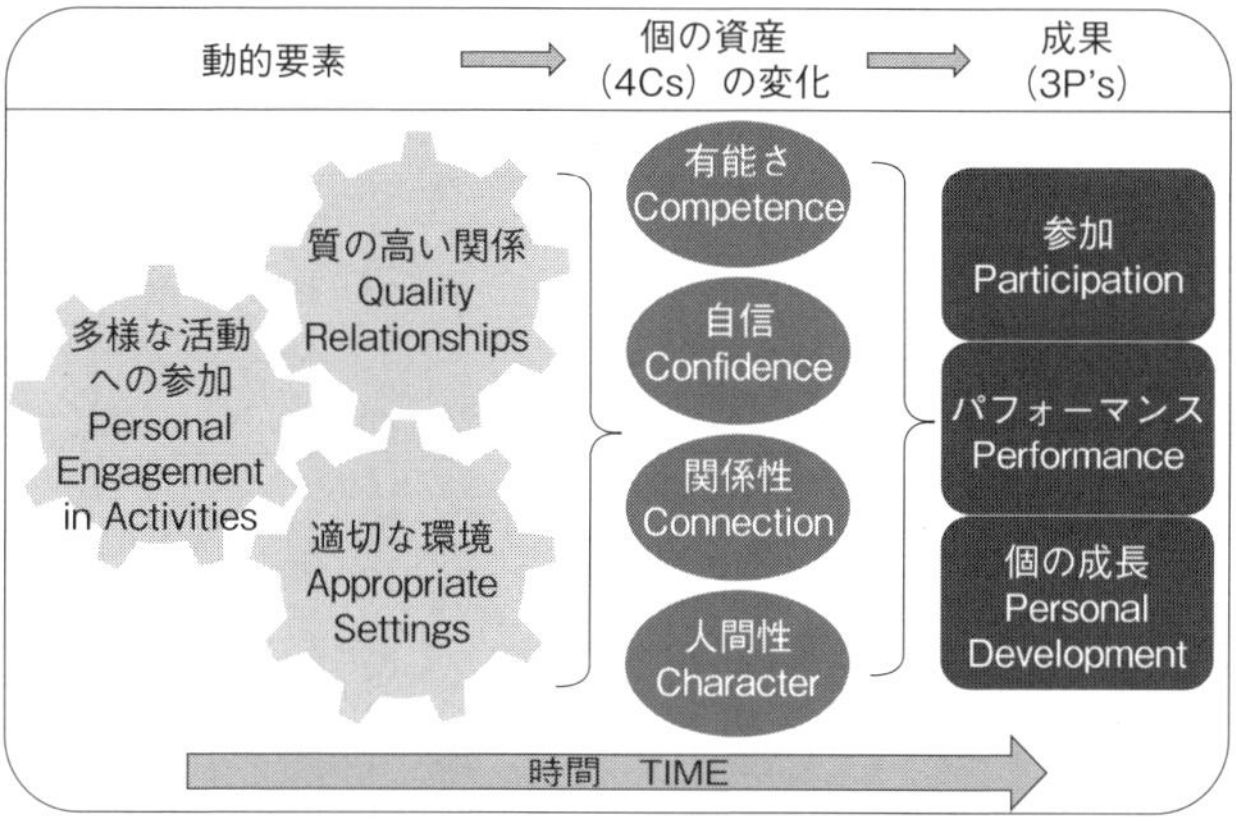

図４　スポーツにおける個の資産の枠組み

（Côté ら[3]を筆者が和訳、一部修正）

効果的なコーチングを行うために必要な知識は、専門的知識、対他者の知識、対自己の知識にまとめることができる。専門的知識はスポーツに特異的な知識やトレーニング、栄養、発育発達、救急処置、法令等に関する知識を意味している。これまでのコーチ教育プログラムに対する批判の多くは、プログラムが専門的知識の伝達に偏りすぎていたことによるものであることは既に述べたとおりである。日本体育協会公認スポーツ指導者資格制度のテキストも、各大学が準備しているコーチ教育に関連する科目も、専門的知識のレベルからすると決して低くはなく、むしろ諸外国からも高い評価が得られるものになっている。しかし、伝達されているのがいわゆる宣言的知識と呼ばれるものであり、〝できる〟という手続的知識への変換についてはコーチに丸投げされた状態であることも課題として挙げられる。さらに、対他者の知識と対自己の知識については宣言的知識、手続的知識ともに手つかずである場合が多い。これは日本に限ったものではなく、世界的に共通の課題とされている。

　スポーツは社会的活動であり、スポーツ実施にあたっては様々な個人間の関係性がみられる。たとえば、コーチとプレーヤー、コーチとコーチ、プレーヤーとプレーヤー、プレーヤーと保護者、コーチと保護者など、実に様々な関係性が絡み合い、コーチングのコンテキストを複雑かつ動的なものにしている。その中でもコーチとプレーヤーの関係は特に重要と考えられており、コーチングの基本としてお互いを尊重し合いながら意図的に良い関係を構築していかなくてはならないとされている。時代の変化に伴い、価値観も多様化しており、プレーヤーを理解するためにコーチはこれまで以上にプレーヤーとの双方向コミュニケーションをとっていく必要がある。日本のタテ社会の中で上意下達に慣れ親しんだ世代にとっては困難を伴う挑戦であることは確かであるが、傾聴や問いかけといった双方向性のコミュニケーションを円滑に進めるための実践的スキルを身につけていくことが必要であろう。

　コーチとして自らの能力を向上させ続ける努力を怠らないことは当然の責務である。自らの能力を向上させるためにはまず適切な自己認識を行う必要がある。また、優れたコーチは省察を通してコーチング能力を向上させている。このように適切な自己認識にもとづき、自己の行動を省察し改善していく知識を対自己の知識と呼んでいる。省察をどの程度深く行うことができるかによっても省察の効果は違ってくる。出来事を振り返るだけの浅い省察もあれば、出来事の意味や原因、可能性のあるオプションなどを深く考えていく省察もある。コーチ教育プログラムでは、プログラム内で省察の重要性について伝えるだけではなく、コーチの非媒介学習の場で深い省察が行えるようになる支援をプログラム内で行う必要がある。

　媒介学習と非媒介学習の両方を通して、専門的知識、対他者の知識、対自己の知識を深めることにより、コーチの信念や価値観が修正され、それらに応じたコーチング行動が引き起こされることになる。その行動は合目的的であるべきであり、もちろんコーチ教育プログラムにおいてもコーチが果たすべき機能を認識し、それらの機能を果たしていくためのスキルを身につけられる手助けを行わなくてはならない。コーチの主な機能には、ビジョンと戦略の設定、環境整備、人間関係の構築、練習の実施と大会の準備、「現場」の理解と対応、学習と内省の6つがあるとされている（図5）

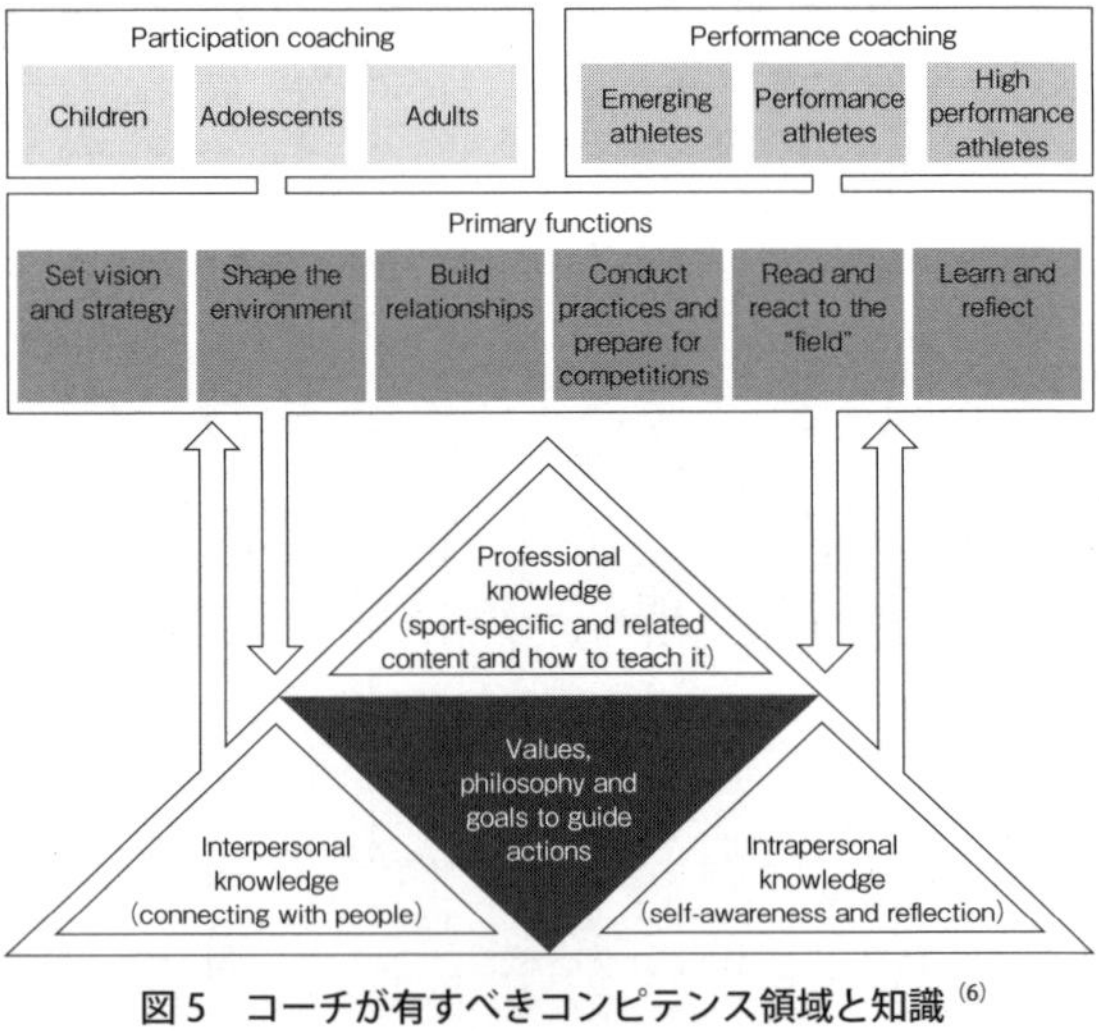

図5　コーチが有すべきコンピテンス領域と知識 (6)

(6)。参加型コーチングやパフォーマンスコーチングといった目的や対象によっても機能の中身は異なるが、本質的な機能は同じであると考えられ、これらの機能を念頭においたプログラムの構築が必要である。

　コーチ教育プログラムが多くの批判にさらされてきたことは既に触れたが、プログラムがコーチング現場で役立つオーセンティックなものになれば、その価値や必要性は高まるだろう。ただし、コーチが新しいことに挑戦するためには、コーチ教育プログラム自体が心理的に安全なものだと感じられる必要がある。心理的に安全な環境でなければ、自己防衛が優先され、新しい学びが起こるのを阻害してしまうだろう。安全な雰囲気のコーチ教育の場でコーチ達が挑戦を通して多くのことを学び取ることを経験できれば、彼らがコーチング現場でプレーヤーの学びを誘発するために心理的に安全な環境を準備することが大切であることに気づくだろう。

　コーチ教育プログラムへのアクセスの良さも課題である。日本体育協会が平成26年7月に発表した学校運動部活動指導者の実態に関する調査報告書(12)によると、運動部活動指導者のうち保健体育科教員でないものの割合は中学校で80・2%、高等学校で75・0%にのぼる。そして、「担当教科が保健体育ではない」かつ「現在担当している部活動の競技経験なし」の教員は中学校で45・9%、高等学校で40・9%であり、そのうち中学校では39・5%、高等学校では38・3%が「自分自身の専門的指導力の不足」を課題としていることが明らかとなった。日本体育協会公認スポーツ指導者資格取得を希望しているものの現在資格を保有していない理由としては、資格取得の方法が分からないや校務との兼ね合いで講習会に参加できないといったものが挙げられていた。多忙なコーチが学ぶための時間を確保することが難しいことを考えれば、集合型のコーチ教育プログラムだけでなく、e-ラーニングなど、その他の方法を準備し、学びを欲する者が学びやすい環境を整備することもコーチ教育の課題と言えるだろう。

より良いコーチング文化の創造に向けて

　本稿の冒頭で日本体育協会、日本オリンピック委員会、日本障害者スポーツ協会、全国高等学校体育連盟、日本中学校体育連盟が、「スポーツ界における暴力根絶宣言(11)」の中で、いかなる暴力行為とも決別する決意を示したことに触れた。一方、未だにスポーツにおける暴力は時には必要であるとする意見も根強い。日本社会に深く根付いてしまっているこの価値観を変えていくには多大な時間とエネルギーが必要となるだろう。スポーツの健全性をさらに高めていくためにコーチ教育システムの改革が必要不可欠である。情熱あるコーチたちが継続的に学ぶことが可能なコーチ教育システムの構築が実現できれば、より良いコーチング文化の創造に向けた大きな推進力となり得る。改革の手を緩めるとすぐに過去の価値観が新しい変化を覆い隠そうとしてしまう。コーチ自らが新しい学びの仕方を経験し、その良さを実感できるようなコーチ教育が可能になれば、彼らはその方法をプレーヤーに対して用いることだろう。

（日本体育大学）

【参考文献】

（1）Bales, J., Foundations for Global Coaching Systems: The International Sport Coaching Framework / The International Coach Developer Framework, ＮＣＤＡ国際シンポジウムプレゼンテーション、２０１５。

（2）Chesterfield, G., Potrac, P., & Jones, R., ‘Studentship’and ‘impression management’in an advanced soccer coach education award. Sport, Education and Society, 15(3), 299-314, 2010.

（3）Côté, J., Vierimaa, M., & Turnnidge, J., A personal assets approach to youth sport. In K. Green (Ed.), Routledge Handbook of Youth Sport. London: Routledge, 印刷中

（4）Côté, J., & Gilbert, W., An Integrative Definition of Coaching Effectiveness and Expertise. International Journal of Sports Science and Coaching, 4(3), 307-323, 2009.

（5）Cushion, C., Modelling the Complexity of the Coaching Process. International Journal of Sports Science & Coaching, 2(4), 427-433, 2007.

（6）International Council for Coaching Excellence, International Sport Coaching Framework (version 1.2), 2013.

（7）International Council for Coaching Excellence, International Coach Developer Framework (version 1.1), 2014

（8）Mallett, C., Modelling the Complexity of the Coaching Process: A Commentary. International Journal of Sports Science & Coaching, 2(4), 419-421, 2007.

（9）文部科学省、スポーツ基本法、２０１１。

（10）文部科学省、スポーツ指導者の資質能力向上のための有識者会議（タスクフォース）、スポーツ指導者の資質能力向上のための有識者会議（タスクフォース）報告書　私たちは未来から「スポーツ」を託されている—新しい時代にふさわしいコーチング—、２０１４。

（11）（財）日本体育協会、（財）日本オリンピック委員会、（財）日本障害者スポーツ協会、（財）全国高等学校体育連盟、（財）日本中学校体育連盟、スポーツ界における暴力根絶宣言、２０１３。

（12）（財）日本体育協会指導者育成専門委員会、学校運動部活動指導者の実態に関する調査報告書、２０１４。

（13）Wright, T., Trudel, P., & Culver, D., Learning how to coach: the different learning situations reported by youth ice hockey coaches. Physical Education and Sport Pedagogy, 12(2), 127-144, 2007.

INTERVIEW

車いすテニスプレイヤー

齋田悟司氏

（株式会社シグマクシス）

ぶれない自分をテニスで表現する

【プロフィール】
斎田悟司（さいだ　さとし）
1972年3月26日三重県四日市市生まれ。（株）シグマクシス所属。12歳のとき左足を切断し、14歳からテニスをスタート。96年アトランタ・パラリンピック出場後、99年より吉田記念テニス研修センターでトレーニングを開始。以後、シドニー・パラリンピック8位（00年）、ジャパンオープン優勝（02年）、ワールドチームカップ優勝（03年）、アテネ・パラリンピック男子ダブルス優勝（パートナー国枝慎吾選手；04年）、ウィンブルドン大会男子ダブルス優勝（06年）、北京パラリンピック男子ダブルス3位（08年）。ロンドン・パラリンピック（12年）では、男子シングルス2回戦、男子ダブルス準々決勝敗退。07年には男子ダブルスで年をまたいだ4大トーナメント連続優勝の「ゴールデンスラム」を達成している。

と　き：2015年3月4日
ところ：吉田記念テニス研修センター

聞き手：清水 諭（筑波大学教授／本誌編集委員）

ツアーの日常

清水　齋田選手はプロテニスプレーヤーとして、活動されているのですね。
齋田　はい。プロとして毎日練習しています。
清水　所属されている株式会社シグマクシスという会社は、どのような会社なのでしょうか。
齋田　ビジネスコンサルティングサービスの会社です。シグマクシスには現在、パラ水泳の選手が1名、車いすバスケットボール選手が1人、私を入れた車いすテニス選手2人、計4人の障がいを持ったアスリートが所属し、全員競技に専念しています。
清水　毎日のように吉田記念テニス研修センター（ＴＴＣ）に来て練習しているのですか。
齋田　そうです。週に6日来て練習しています。
清水　国内外で数々のタイトルを獲得されてきましたが、どのような年間スケジュールで活動されているのでしょうか。
齋田　今年のスケジュールですと、1月はオーストラリア、3月はアメリカか台湾へ行きます。4月は南アフリカ、5月は福岡、6月にはトルコでデビスカップのような国別対抗戦があります。
清水　国別対抗戦は、どのような形式で行われるのでしょうか。
齋田　シングルス2試合、ダブルス1試合で行われます。
清水　それは毎年開催されるのですか。
齋田　はい。開催国や開催時期はバラバラですが、毎年開催されています。去年はオランダで開催されました。今年はトルコで開催ですので、情勢がどうなるか少々心配しています。
清水　そのあとのスケジュールはどうなっていますか。
齋田　そのまま韓国へ行って、3週間滞在します。ですので、6月は丸々1か月試合をすることになりますね。そして7月はアメリカ・カナダ、8月はヨーロッパかアメリカに行くことを考えています。9月はアメリカ・カナダへ行って、10月は広島の大会へ出場する予定です。11月はＴＴＣで全日本の選抜大会があります。これは毎年開催されていて、今年で25回を迎えます。12月はチェコに行く予定です。
清水　世界ツアーをして、大会に出場し続けているので、過密なスケジュールですね。
齋田　やはり、世界ランキングが重要ですので、大会へ出場してポイントを獲得していかないといけません。
清水　世界には、齋田さんようにツアーを回っている選手はどのくらいいるのですか。
齋田　自分のように1年を通して世界中を回っている選手がどのくらいいるかは

分かりませんが、世界ランキングは現在600位まであります。

清水　国内では何位までランキングがあるのですか。

齋田　国内ランキングはおそらく350～400位ではないでしょうか。

清水　それにしても休みがありませんね。シーズンオフはないのですか。

齋田　年末に少しですね。しかし、今年も1月4日には出発しましたし、年末に少し休んで、1月1日からはトレーニングを再開していました。

清水　ツアー中に試合して練習して、また試合して練習してといった感じでしょうか。

齋田　なるべく1か月ぐらいはトレーニング期間を取るようにしています。

スイングの特徴

清水　トレーニング期にはウェイトトレーニングもするのですか。

齋田　そうですね。ウェイトトレーニングをしたり心肺機能を鍛えたりします。

清水　どのくらい走りますか。

齋田　1㎞を5本走ったりします。専門のトレーナーがいますので、メニューを組んでもらって、ウェイトトレーニングやランニングトレーニングをしています。週に3、4回のトレーニングがありますが、毎回のメニューはトレーナーの方に任せています。

清水　ウェイトトレーニングは、がっちりした上肢のトレーニングが中心なのでしょうか。

齋田　私の場合、上半身は出来上がっていますので、逆に筋量を増やしすぎると可動域が狭まってしまい、プレーに悪い影響が出てしまいます。今はコア、いわゆる体幹を中心にトレーニングしています。もちろん腕のトレーニングもします。

清水　体幹のトレーニングはどのようになされているのですか。

齋田　体幹といっても様々な筋肉があります。チューブを持って体をひねります。縦の動き、横の動き、斜めの動きといった様々な角度で体幹に負荷をかけます。メディシンボールを投げるトレーニングもやります。

清水　テニスの技術的なトレーニングはどのようなことをしているのですか。

齋田　試合に近い時期と遠い時期とでメニューを分けてトレーニングします。基本的なトレーニングをするときは、球出しをしてもらってそれを打つというトレーニングで、フォームを固めることを目的として行います。「新しい技術を身につける際には、3万球打たなければ身につかない」とドイツの研究者が言っているように、同じフォームで同じように打てるようになるために、ひたすら球出しからフォアとバックで打つという練習をします。また、技術を習得してもそれが崩れることがあるので、そういう時は基本に立ち返って球出しから打つという練習をします。ランニングから打つ技術や、サーブ、レシーブといった練習もしっかりやりますね。

清水 今日は一緒にプレーできなかったのですが、齋田選手のプレーの特徴はどういったものですか。

齋田 私はフォアハンドが得意ですので、フォアハンドを軸に攻めていきます。

清水 フォアハンドは、スピンをかけることが多いのですか。

齋田 そうですね。

清水 スピンの特徴としては、どのようなものになりますか。

齋田 タッチといいまして、ボールへのラケットの当て方が人それぞれ違います。私の場合はボールにしっかりヒットさせてからスピンをかけるような打ち方をしています。ボールを潰してスピンをかけていくというイメージを心がけています。

清水 そうするとグリップも厚めにして打つわけですね。

齋田 そうですね。

清水 サーブを打つ際に車いすごと回転してしまうことはないのですか。

齋田 最初の頃はありましたけど、今はそんなに回りませんね。打つときはラケットを持っていない方の手でホイールを持つこともないです。慣れていない人がやると車いすがグルンと回ってしまうのですが、慣れてくるとそうはなりません。

清水 慣れてくると体幹と腕の力できれいに打つことができるのですね。

齋田 そういった意味で体幹を鍛えるということは重要です。体のバランスがきちんと整っていれば、多少は動きますが、車いすが回ることはないですね。

清水 プレー中は前後左右、様々な方向へ動かなければならないと思うのですが、相手の動きから次のプレーを予測して動いているのですか。

齋田 左右の動きに関してはランニングで対応できますが、前後の動きや斜めの動きとなるとランニングだけでは追いつけないので、厳しいところへ打たせないようにリターンするようにしています。頭を越されたら私たちはもう対応できません。相手に余裕を持って打たせないようにすることが重要です。相手に一球一球プレッシャーをかけていきます。また、体の正面に来るボールは意外と打ちにくいので、そこを責めて返球が甘くなったところから厳しいコースを狙うこともあります。コートの真ん中からだと打球に角度をつけにくいので、そこから組み立てる戦略をとることもあります。

チェアワーク

清水 ラリーの際、打った後にボールから目を離して相手に背中を向ける形で車いすを回転させて動くことがありますよね。ラリー中にボールから視線を切って移動して、またラリーを続けるというのは技術的にかなり難しいのではないでしょうか。

齋田　そうですね。しかし内回りばかりしているとネットに近づいていってしまうので、近づきすぎないために外回りで移動するという意味合いもあります。攻める際は内回りで移動して前へ出ていきますが、相手が攻めてくるなと思ったときは外回りで移動してネットから離れてプレーしますね。

清水　一球一球状況に応じて車いすを回転させる方向も考えながらプレーしているわけですね。

齋田　そうです。私の場合はフォアハンドで打つときは攻めていくと決めているので、フォアハンドで打つ際は内回りで移動して前に出ていきます。バックで打つ際は状況を判断しながら内回りと外回りを使い分けています。フォアハンドで打つときは9割内回りで、バックハンドで打つときは内回りと外回り半々ぐらいですかね。

清水　それは相手のラケットに当たる瞬間を見て判断しているのですか。

齋田　そうです。

清水　やはりホイールを自在に動かすことができる技術を身につけるのは大変なのでしょうか。

齋田　チェアワークトレーニングと言いまして、コート上でラケットを持たずにチェアの操作を練習します。テニスの練習よりそちらの方が体力的にハードですね。

清水　練習内容としては、技術的な練習の方が多いですか。それともそのチェアワークでしょうか。

齋田　私の場合は半々ぐらいですね。それぐらいチェアワークの練習をしなければいけないと思っています。いくら打つ技術が高くても、ボールのところに行けなければ全く意味がありません。逆にボールのところまで行けば何とか返球はできますからね。

清水　チェアワークトレーニングというのは、具体的にどのようなことをされるのですか。

齋田　内回り外回りのターンや前後左右の動きを練習します。例えば、コーチにボールを様々な方向へ出してもらって、出た方向へ反応して動くといった俊敏性を鍛える練習をします。また、コーチが後ろにいて「チェック」と言われたらターンをし、ボールが上げられた方へ動いてボールにタッチするといった練習もします。先ほども言いましたように、一度ボールから目を切って移動するので、瞬時にボールの位置を認識してどう動くか判断し、素早く動けなければなりません。

清水　ラケットを持ったまま移動しますよね。そうすると移動する際にホイール操作の邪魔にならないのですか。

齋田　移動する際に、ラケットは人差し指から小指の間の4本で握り、親指の付け根から手首までの間の部分でホイールを回します。打つ動作に入った際にはラケットをしっかり握りなおします。

清水　手のひらを見せてもらっていいですか？　この親指の付け根のところがものすごく厚くなってますね。左手も同じように使うのですか。

齋田　左は手全体でホイールを握れますので、右手ほど部分的に厚くなってはいませんね。

清水　右手でラケットをもったまま、親指付け根部分でホイールを回すわけですよね。ラケットを落とすことはないのですか。

齋田　ほとんどないですが、まあ何試合かに一回ぐらいですかね（笑）。

清水　やはり前後の動きの際には予測が重要になってきますか。

齋田　特にバックターンをした際に前に落とされると対応できないので予測が重要になってきます。欧米の選手は体も大きいですし筋力も高いので、パワーがすごいです。もちろんパワーで対抗しなければならない部分もあるのですが、それだけでは体力的に厳しい。やはり読みとチェアワークが重要ですね。そういった意味で、日本の選手のチェアワークの技術は海外の選手と比較してもかなりレベルが高いと思います。チェアワークの技術が高いと、拾うことができる範囲が広がるので守備力が上がります。そして、それだけでなく、浅いボールに対して少しでも前に出て踏み込んで打つことができるので、相手に守備をさせる時間が多くなるわけです。深い位置で打つと角度がつけにくいのですが、少しでも内側に踏み込んで打つことによってショットに角度がつけやすくなります。つまり、チェアワークの技術が高いことで、守備範囲が広がり、攻撃面でも角度をつけた攻撃ができるようになります。こうしたチェアワークの技術を活かしたテニスをすることで、パワーで劣る相手にスピードで対抗していきます。

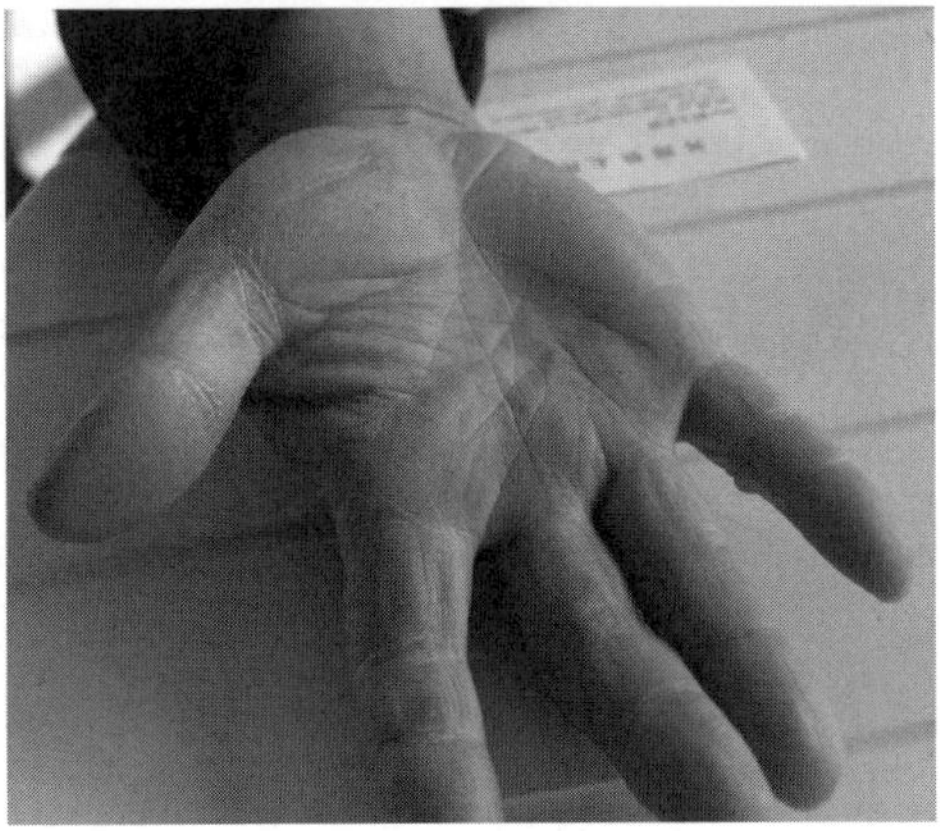

清水　世界的にみると、そのようなプレースタイルが主流なのでしょうか。

齋田　人それぞれです。サーブを攻撃の軸にしている選手もいます。トップ選手のサーブになると、時速１８０㎞にもなります。バックハンドを軸にしている選手もいます。リターンが得意な選手もいれば、ボレーで決めてくる選手もいます。

清水 ボレーを軸にしている選手もいるのですね。

齋田 ボレーは結構みんな使いますね。車いすテニスはツーバウンドできるので深く打っても結構追いつくことができるので、相手を深い位置まで下げさせてから自分が前に出てボレーで決めるのは非常に有効です。

車いすのテクノロジー

清水 世界レベルではフィジカル面で優位な選手が上位にいるのですか。

齋田 そうですね。もちろんそういった選手にもテクニックもありますが、同じぐらいの技術のレベルだと、体力的に優位な方が勝ちますからね。ですから、体幹を鍛えて、チェアワークの技術を上げて、そういった選手に対抗していきます。腕力だけではどうしても勝てませんね。

また、車いすそのものにも非常にこだわっています。日本製の車いすを使っているのですが、椅子の高さやホイールの大きさ、あらゆる角度などがすべてオーダーメイドです。海外のメーカーではそこまで細かく対応はしてくれません。日本のメーカーはミリ単位の調整で対応してくれます。

清水 齋田選手の使っている車いすはどこで作られているのですか。

齋田 千葉県にあるオーエックスエンジニアリングという会社で作ってもらっています。

清水 メーカーの人と細かい打ち合わせをしながら作っていくわけですね。

齋田 はい。材質から相談して組み上げていきます。車いすは私にとっての脚です。自分の車いすだと、座った瞬間に車いすに神経がいきわたるという感覚があるぐらい一体化します。完全に自分の脚ですね。体を揺らすだけで回ったり動いたりすることができます。同じ車いすでも、他の人の車いすを借りてプレーすると全く上手くできません。人の車いすだと単なる椅子に座っているのと同じですね。それぐらい感覚が違います。競技歴が長くなると車いすが傷んでくるので、作り直さないといけません。車いすを作る際に図面を引いてもらったので、それを見せて同じように作ってくださいと頼んで全く同じように作ってもらっても、実際に乗ると感じが違うんです。フレームなどを図面通りに作ったとしても、布を使っている部分のたるみ具合や硬さが違ってきます。やはり慣れ親しんだ車いすは神経が通っているという感覚があるぐらいフィットしています。私にとって車いすはそれぐらい繊細なものですね。

清水 日本のメーカーが作った車いすを使っている海外の選手はいますか。

齋田 日本製がいいという選手はいます

ね。しかし、なかなか海外まで広げて対応するのは難しいようです。日本のメーカーはアフターケアまでしっかりやりたいということなので、海外の選手となるとなかなかそういった対応は難しいですね。

清水　テニスの競技用車いすを作っている日本のメーカーはどれぐらいあるのですか。

齋田　今のところ3社ぐらいですかね。千葉のオーエックスエンジニアリング、岐阜の松永製作所、愛知の日進医療器株式会社ですかね。

清水　もともと車いすを作っている会社だったのですか。

齋田　オーエックスエンジニアリング以外はそうですね。オーエックスエンジニアリングは、もともとオートバイのチューニングやパーツを作っていた会社です。社長がバイクのレーサーだったそうです。社長がレース中事故にあわれて車いすに乗ることになったそうなのですが、「かっこいい車いすがない」ということで自分の会社で作るということになったそうです。

清水　初めからオーエックスエンジニアリングの車いすを使っていたのですか。

齋田　最初は違ったのですが、競技成績を残せるようになって声をかけてもらいました。一時期はオーエックスエンジニアリングの社員として契約もしていました。週に一度出社して、あとはほぼプロとして活動させてもらっていました。

パラリンピック5大会連続出場

清水　齋田選手はプロ選手として一線で活躍されている期間が長いですね。96年のアトランタ大会から、2000年のアテネ大会、04年のシドニー大会、08年の北京大会、12年のロンドン大会と、5大会連続パラリンピック出場というのは世界でもいないのではないでしょうか。

齋田　ええ、ほとんどいないですね。テニスには一人います。20年もプロとしてやっているとなると、そんなにいないと思います。

清水　5大会も連続でパラリンピックに出場してきたわけですから、日々のトレーニングを続けることやモチベーションの維持が大変だと思うのですが、やめたいとは思わないのですか。

齋田　何度かやめたいと思ったこともあ

りましたが、やっぱりテニスが好きなんですよね。テニスしているときが一番楽しいですし、生きがいを感じます。

清水 5大会連続で出場して、金メダルと銅メダルを獲得されています。レスリングの吉田選手や柔道の谷選手に匹敵しますね。

齋田 単に競技を続けているだけなら話は別ですが、毎年海外を転々と遠征していくというのは正直しんどいなと思うことはあります。最近は、障がい者スポーツも注目されるようになってきましたが、アトランタ大会の頃はそんなに注目されていなかったですし、今でもまだまだかなと思います。「海外で試合をしたい」と言ってもなかなか環境が整わない選手が多い中、私は運よく協力してくれる方々に出会えて、世界へチャレンジできる環境があるということに選手として幸せを感じます。やりたいと言っても、なかなかできるようなものではないですからね。

清水 96年アトランタ大会から5大会連続出場している選手は齋田選手だけですし、齋田選手が日本の車いすテニスの牽引役だと言えると思います。アトランタ大会といえばカール・ルイスが跳んでいた頃ですからね（笑）。

齋田 そうですね。記念に競技場の砂を持って帰ってきたのを覚えています（笑）。

清水 5つの大会を通してみると、パラリンピックの変化を感じますか。

齋田 メディアの取り上げ方も違ってきたし、会場での応援も多くなってきました。注目度が違ってきましたね。私も街を歩いていると声をかけられることがあります。アトランタ大会やシドニー大会の頃はそんなことはなかったのですが、アテネ大会（04年）で金メダルをとった頃ぐらいからそういった変化を感じるようになりました。認知度が上がってきたと思います。車いすテニス自体を知らない人が多かったですが、車いすテニスが世間に広まっているなと感じますね。

清水 注目されるようになった理由は何かあるのでしょうか。

齋田 メディアでの扱いが増えたというのは理由の一つだと思います。

日本におけるまなざしとこれから

清水 世界を渡り歩いてみて、日本と世界の違いはどのようなものがありますか。

齋田 言い方が難しいですね。正しいかどうかわかりませんが、海外の方が車いすに乗っていて目線が同じような感じがします。同じ目線で隔たりなく話すことができる感じがします。気軽に声もかけてくれますしね。大会関係者はもちろんですが、空港に着いて歩いていると、「どこから来たの？ テニスしに来たのか。

すごいね。がんばれよ！」といった感じで、お互いに気軽に話すことができます。テニスバッグを持って歩いていても同じような感じです。しかし、日本にいると「車いすに乗っていてかわいそうな人」や、「こういうことを言ったら失礼なんじゃないか」といった空気を感じます。日本にいると、良くも悪くも気を使われすぎているような気がします。

清水　その違いは何なのでしょうかね。

齋田　子どもの頃からの教育が何か影響しているのでしょうか。子どもと接していると、子どもながらに気を使っている感じを受けますし、親が子どもにそういう人たちには気を使いなさいと言っているのを目にします。海外にいるとそういったことはなく、普通に話しかけてきてくれます。子どもの頃に障がい者とどう触れ合ったかというのは重要なのではないでしょうか。私自身も子どもの頃は障がい者と触れ合う機会はありませんでした。しかし、小学校で講演をさせてもらって、子どもと触れ合う機会がありますが、現在は少しずつ変わってきているように感じます。人や社会はすぐに変わることはできないと思いますが、今の子どもたちが車いすに乗っている人について理解する機会を少しでも作ることができているので、少しずつ変わっていくのではないでしょうか。

清水　障がい者に限らず、妊婦やベビーカーを押している人、老人などが、公共の場で自然なこととして受け入れられるようになるということは、まだまだなかなか難しいですね。

２０２０年に東京大会がありますが、齋田選手は出場を考えられていますか。

齋田　その前にリオ大会がありますから(笑)。これだけやってきたので、リオ大会も出場するだけでなく、もちろんメダルを目指して戦ってきます。しかし、これまでもそうでしたが、選手としてやっていくとなると、自分だけの力ではできません。いろいろな人に支えられて競技を続けているので、スポンサーや家族としっかり話し合わないといけないと思っています。ただ、せっかく東京であるので目指したいし、出場したいという思いはあります。

清水　これだけ長く競技を続けられていると、国内の選手の特徴はほとんど把握しているのではないでしょうか。

齋田　そうですね。

清水　国枝選手と年齢はいくつ違うのですか。

齋田　ちょうど一回り違います。

清水　齋田選手から見た国枝選手のいいところはどういったところでしょうか。

齋田　彼もチェアワークに重点を置いていますし、チェアワークの技術の高さはすごいですね。もちろんフィジカルトレーニングもしっかりしています。彼はテニスに関して一切妥協しません。こうと

決めたら最後までやり抜きます。食事や睡眠に関しても気を使っています。そういったことはプロとして当然なのかもしれませんが、プロ選手の中でも特別に意識が高いと思います。彼のそういったところには私も刺激を受けます。

清水　国枝選手はバックハンドのイメージが強いのですが。よくバックハンドからストレートやダウンザラインに打ち込んでいると感じます。1球で決めるといいますか…。

齋田　そうですね。彼のバックハンドでストレートとクロスを打ち分ける技術の高さはすごいですね。

清水　アテネ大会、北京大会、それからロンドン大会では齋田選手は国枝選手とダブルスを組んでいましたが、現在もダブルスを組んでいるのですか。

齋田　最近は組んでいませんね。リオ大会でどうなるかはわかりませんが。

清水　これだけ長い間海外を転戦してきて、目標や意志の強さがなければ続けてくることはできなかったと思います。

齋田　競技を続ける中で、いろいろな人と〝チーム〟としてやってきましたが、やはりそこは自分が主役なわけで、自分のやりたいことをしっかりアピールして、ブレないようにやっていくのが重要だと思っています。自分がブレていると、応援してくれている人から見てもつまらないと思います。しっかり目標を持ってやっていく自分を応援してくれているので、それに応えるためにも、ブレない意志を持つことが大切だと思っています。結果ももちろん大切ですが、結果に至るまでのプロセスで、意志や気持ちがブレずに頑張るということが必要だと思っています。「応援してよかった」と思ってもらえるように頑張っていかないといけないと常に思って活動しています。

清水　スポンサーをはじめサポートしてくれる人は自分で探すのですか。

齋田　そうですね、全部自分で探して交渉しています。

清水　応援しています。本日はありがとうございました。

インフォメーション

世界に広がる八百長の現状と対策

安藤悠太

1. スペインでの八百長騒動

サッカー前日本代表監督であるアギーレ氏の件により、スペインサッカーリーグでの八百長問題が日本で盛んに取り上げられるようになった。八百長は英語圏では match-fixing、スペイン語では amaño de un partido などと呼ばれている。今回のケースは急に明るみに出たものではなく、長期間の調査・捜査の結果である。スペインでは2010年に刑法の中でスポーツに関する汚職が犯罪類型化され、これに該当した場合は6か月から4年の禁固に処せられることとなった。またスペインサッカーリーグでは以前より八百長の噂が度々聞かれたが、近年リーグ主導でそうした状況の改善に動き出した。2013年10月にはスペインの1部および2部リーグにおいて年間10試合程度で八百長が行われている可能性があるとの発表があり、この当時は2013年4月のデポルティボ・ラ・コルーニャ対レバンテの試合などが盛んに取り上げられていたが、反対にデポルティボの会長も過去に八百長の影響で自身のクラブが降格したとのコメントを出すような状況であった。

アギーレ氏については、スペインにおいてスポーツ汚職の刑法が制定されてから初のケースとなり、この後どのような展開になるのかは予測が難しい状況である（本稿は2015年3月に執筆）。

また八百長の話はスペインに限った

ことではない。2013年2月にICPO（ユーロポール）は2008年～2011年において、ヨーロッパ内の1部リーグやチャンピオンズリーグ、ワールドカップ予選等で380試合以上において試合の結果が不正に操作された疑いがあるとし、関与者は425人に上るとの調査結果を公表している。ヨーロッパの外に目を向ければ、世界各地でも同様に計300試合に疑義があるとしている。これらは犯罪組織によって行われており、計800万ユーロが主に闇賭博による利益として生み出され、その内の200万ユーロが不正関係者に賄賂として渡っているとしている。そこで、本稿では日本では断片的にしか取り上げられることのない、近年の八百長問題について概観したい。

2. 八百長の類型

まず一言に八百長と言っても、主に三つに類型化することが可能である。

一つ目はスポーツ的利益追求型である。これは優勝や降格などがかかった場合に、対戦するクラブや選手の関係者が連絡を取り合い、試合の結果を操作するものである。日本で有名な事例としては、イタリアサッカー1部リーグの有力チームであるユベントスを中心として審判を買収していたことが明るみになった2006年のカルチョスキャンダルが挙げられる。このスキャンダルではスポーツ裁判によってユベントスが優勝取り消しおよびセリエBへの降格となった他、ACミラン、ラツィオ、フィオレンティーナ、レッジーナが勝ち点減点となった。アギーレ氏が捜査の対象となっている試合もこのスポーツ的利益追求型にあてはめられる。当時スペイン1部リーグのレアル・サラゴサの監督を務めていたアギーレ氏は、1部への残留がかかった試合での八百長への関与を疑われている。

次に、金銭的利益追求型があり、これが近年のスポーツ界を大きく揺るがしている。金銭的利益追求型はスポーツの試合で八百長を仕組むことによって、主に賭博での利益を得ようとするものである。この場合は主に闇賭博ブローカーと八百長フィクサーが連携して選手を買収し、オッズの操作等を行うことで大きな金銭的利益を得ることを目的としている。スポーツと賭博との関係は古くから存在しているし、アメリカ大リーグでのブラックソックス事件なども有名である。しかし近年はその手法の高度化や件数増加が見られる。主要なものだけでも、2005年にはドイツの下部リーグとカップ戦、UEFA EURO2008予選におけるマルタ代表、2011年には韓国やギリシャの1部リーグ、そして2012年にイタリアで再度スキャンダルが起きている。これらの捜査の過程で、アジアを拠点とする闇賭博ブローカー、八百長フィクサー、そして欧州に広がる選手買収組織を通して試合を操作する様子など、国を越えた組織的な活動が行われていることがわかってきた。その後の逮捕や処罰に至った事例は、イングランドやオーストラリアの下部リーグを含む世界各地で連鎖的に続いている。もちろん種目はサッカーだけではなく、テニスでは2000年代中頃よりスキャンダルが発生しているし、紳士のスポーツとも言われるクリケットでも発生している。現在は八百長防止への取り組みが徐々に始まったところであり、競技種目や国により対策の進展度合いが異なっている。また八百長国際シンジケートの中心とされる人物の逮捕等、犯罪組織側の人物の逮捕も徐々に始まったところである。

三つ目はスポーツ的利益追求型と金銭的利益追求型の複合型である。つまり、スポーツ的利益が認められるような試合は、八百長のフィクサーにとっても狙いをつけやすく、操作の対象とされやすいということだ。

また八百長といっても、最終的な試合の勝ち負けやスコアを操作するのみに留まらず、試合で最初に誰がどのプレーをするか等、個別のプレーについての操作も含まれる。つまり八百長といった言葉を使用した場合、試合の結果およびその過程について操作することと理解していただければ幸いである。

3．金銭的利益型の増加要因

近年大幅に増加していると考えられる金銭的利益追求型であるが、いくつかの側面からその要因を考えることができる。一つはスポーツの商業化および人気の世界的な拡大である。衛星放送やインターネット発達により海外で行われているスポーツの試合を観戦できる機会や情報を入手できる機会が格段に増加した。スポーツのテレビ放送は基本的には実況と解説を母国語で行えば輸入が可能であり、今や注目の集まる試合は世界中で生中継されている。それと時を同じくして、賭けの世界も情報化社会の到来により革新が起きた。従前は試合前に勝敗や得点を予想する比較的単純な方式が多かったのに対し、現在は行われている試合に対して、リアルタイムで賭けを行っていく複雑な方式も見られるようになった。またインターネットというアクセスの容易さは潜在的な顧客数を増加させ、胴元は多様な種類の賭けを用意することが可能となった。これらはスポーツベッティングとして賭けの世界で人気を博し、人気のある対戦カードなどでは世界中であらゆる種類の賭けが行われている。

スポーツの商業化は多くの企業を惹

きつけ、スポーツはそれらの資金的なサポートを得て自身を発展させてきた。しかしながら、巨額の報酬を受け取り活躍する選手のいる一方で、その後ろには、厳しい環境の中で、それでもプロとして競技を続ける選手が数多く生み出されてきた。未来のスターの供給源として、スポーツの発展にとって後背地が必要なことは避けられないものの、八百長フィクサーは弱い立場でプレーをする選手たちを買収の対象として利用している。事実、八百長に関与したとして逮捕や処分を受けている選手たちの多くが下部リーグに所属していたり、ランキングの低い選手たちである。例えば中東欧のサッカーリーグにおける八百長の発生は、中東欧のリーグがイングランドやスペイン、ドイツなどのリーグに対するある種の下部リーグとして機能していることから推察することができるだろう。FIFpro（国際プロサッカー選手協会）は2011年にブルガリア、クロアチア、チェコ、ギリシャ、ウクライナなど中東欧の計15か国のリーグに所属する3千人を超えるプロサッカー選手に対しアンケート調査を行っている。「あなたのリーグで八百長が起きていることに気付いているか」という質問については、チェコ、ギリシャ、カザフスタン、ロシアにおいて40％以上の選手が「はい」と回答している。「試合の結果を操作することを持ちかけられたことがあるか」という質問については、全体では12％、ギリシャとカザフスタンにおいては30％以上の選手が「はい」と回答している。この調査では給与支払い遅延の有無およびその期間、さらにはクラブに優位な形で契約を解除するための締め出しや暴力に遭ったことがあるかを同時に聞いているが、八百長を持ちかけられた選手の内半数以上が給与遅滞に遭っていることや、締め出しや暴力に遭っている選手についても高い割合で八百長との相関が見られる。スポーツに資本主義が浸透し、プロ選手が増えることで競技のレベルが上がり、活躍の場も拡大したという良い側面がある一方で、高い年俸や肖像権収入を得る選手および経済的に成功するクラブがいる裏側では、資本主義システムによって生み出される低年俸選手や経済的に破綻したクラブが存在する事実に目を向けさせるものであると言える。

4．スポーツベッティング業界

スポーツベッティングについては賭博の一種として、国により、政府等による独占形式、ライセンス制による市場化形式、禁止などの形式が見られる。政府等による独占形式は日本、ドイツ、スイス等で見られ、ライセンス制による市場化形式は英国、ベルギー、マルタ等で見られる。EUでは賭博を経済活動とみなし、その自由の原則に照らして、国家による独占や規制については否定的な見解を示している。わずかながらに規制の緩和が進んでいるものの、加盟国間で足並みが揃っているわけではない。また、ドイツおよびオランダでは実店舗における賭博は認められているものの、オンラインでの賭博は禁止されている。オンラインスポーツベッティングに焦点を当てて各国の法律を見てみると、デンマーク、フランス、イタリア、スペイン等ではライセンス制度が適用され、複数の企業によってオンライン賭博が提供されている。これらのライセンスは当該発行機関の司法権の域内でのみ有効であり、したがってオペレーターによっては複数の国でライセンスを所有している。またマルタではオンライン賭博ライセンスの場合は、マルタ国民への営業を認めていないが、サーバー設置国以外への販売をどう捉えるかについてのコンセンサスは確立していない。一方でアイルランドやリトアニア、アジアの多くの国ではオンライン賭博に対する特別な制度を持っていないのが現状である。ここに法律の管理下に置かれない、八百長の温床ともなりうる領域が存在することを指摘できる。

スポーツベッティングの収益は、多くの国において税収や基金の形を取り、スポーツ振興のための資金として利用されている。またオリンピック・パラリンピックへの貢献も見られ、英国では２０１２年夏季ロンドンオリンピック運営費のおよそ25%をCamelot社が拠出している。Camelot社は同年のロンドンパラリンピックにおいても主要拠出者となっている。スポーツベッティングのオペレーターはユニフォームなどのスポンサーとなる例も数多くあり、ジブラルタルに拠点を置くbwin社は２０１３‐２０１４シーズンにおいてサッカーイングランドプレミアリーグのマンチェスターユナイテッド、スペインリーガエスパニョーラのレアルマドリード、ドイツブンデスリーガのバイエルンミュンヘン、イタリアセリエAのユベントス、フランスリーグ1のマルセイユ、バスケットボールのＦＩＢＡおよびヨーロッパリーグ、そしてロードレース世界選手権とスポンサー契約を結んでいる。公的資金の色彩を持った助成金や基金、もしくは商業的色彩を持ったスポンサーシップとして、スポーツベッティングからスポーツ界へは二つの資金の流れがあり、かつ大きな影響力を持っていると言える。

5. なぜスポーツベッティングが狙われるのか

なぜ犯罪組織はスポーツベッティングを利用するのだろうか。スポーツベッティングに集まる金額の大きさや、狙いをつけやすい弱い立場の選手の存在は先に述べた通りであるが、その他にも犯罪者にとっての構造的な有用性が存在する。一つは八百長がネットワーク犯罪であることだ。情報化社会のツールを使用し、八百長フィクサーから選手へ情報伝達さえ可能であれば八百長が可能であるため、地理的な制約を受けにくく、さらには人や物の物理的な移動を必要としないので証拠も残りにくくなる。また国境を越えて行われた場合、各国警察の連携を必要とする捜査は困難さを増し、長期化かつ高額化する。二つ目は前章でも触れたように、賭博、特にオンラインベッティングについての法の未整備が挙げられる。いわゆる闇賭博、つまり違法な賭博が八百長の根源であると言われている。国によっては賭博やオンラインベッティングについて十分な体制を持たない国もあるため、特にアジアを中心に年間１００兆円もの額が闇賭博市場で動いているとさえ言われることがある。一方で国境を越えるオンライン賭博について、各国の体制や認識に差がある中で、どのようなケースが適法／違法とされるのかについては統一されたコンセンサスがないため、違法賭博という言葉の明確な定義付けが難しい現実もある。三つ目は処罰の軽さである。組織犯罪者にとって、例えば麻薬の取引等と比較した場合、違法賭博や八百長による処罰は重いものではない。捜査の難しさと相まって、八百長実施を助長する要因となっているかもしれない。

6．進み始めた対策整備

現在改訂中であるユネスコ体育とスポーツに関する国際憲章において、「体育教育、体育活動およびスポーツのインテグリティと潜在的な便益守る」等の言葉が差し込まれるように作業が進められている。さらに、八百長はドーピングや観客暴力等と同様にスポーツインテグリティに対する主要な脅威として近年大いに注目されており、「スポーツの試合結果の操作に対する国家的および国際的な協力が促進されるよう効果的な対策が取られなければならない」との強度を持った言葉も検討されている。

この脅威に対しては予防・管理・検証という危機管理対策を整えることが重要となってくる。ただし八百長の場合はこの三つのプロセスを担当する主要アクターがそれぞれスポーツ界・スポーツベッティング界・政府警察等と異なってくるため、効果的な対策を行うには各セクター間の連携が必要となる。ここでは現在徐々に広がり始めている対策例を少し紹介したい。

予防として現在行われているのは主に啓発活動となり、スポーツ界が主要アクターとして選手や関係者に八百長の状況やどのように八百長ブローカーが近づいてくるのかをセミナー等で伝え、意識向上を図っている。DFB（ドイツサッカー協会）・DFL（ドイツサッカーリーグ協会）では“SPIEL KEIN FALSCHES SPIEL”、FIFproでは“Don't Fix it”という啓発活動を行い、それぞれ教材の配布やEラーニング提供、連絡窓口の設置を行っている。FIFproは現在FIFAおよびFIFAが提携するICPOと共同で活動を行っている。サッカー界以外でもIRB（国際ラグビー評議会）や汚職に関する非政府組織であるTransparency Internationalなどが啓発プログラムを展開し、テニス界では2008年にインテグリティユニットを発足させ、啓発活動を行うとともに、これまで疑惑の調査および選手の永久追放を含む処罰の実施をしている。これらの中には八百長対策を重要課題として認識しているEUの助成を受けているものもある。各スポーツ団体の規定においても贈収賄の禁止等八百長に関する規定が定められていて、2014年ワールドカップブラジル大会の規則では参加国協会と参加者が特に遵守すべきものとして八百長活動に関する戦いが挙げられていた。また若年層が八百長勧誘の対象になりやすい傾向があることから、IOCのユースオリンピックやUEFAのユース年代の大会では選手の教育プログラムが組み込まれている。スポーツ行政においても、オーストラリアではスポーツ行政を担当する健康省内に八百長を含めたインテグリティへの脅威からスポーツを守るための部署が設置されている。日本でも独立行政法人日本スポーツ振興センター内にスポーツ・インテグリティ・ユニットが設置されており、スポーツベッティングや八百長問題に関する情報収集を行っている。また2013年には東京でFIFAおよびICPOの実施するセミナーが国内の関係者を集めて開催されている。

次に管理としてはスポーツベッティング界がスポーツ界と連携しながら、ベッティングの賭け率の変動等に不審な動きがないかを監視するモニタリング活動が該当する。闇賭博の防止に努めることは大前提であるが、法の範囲内で行われているベッティングについても標的となる可能性は常に存在するからだ。FIFAは2006年ワールドカップドイツ大会より自ら開発したEWS（早期警告システム）によりモニタリングを実施している。これは試合内容やベッティングオペレーターから寄せられる情報等を分析することで、賭けに不審な動きがないかを監視するものである。不審な動きが見られた場合は試合の主催者へ通報されることとなっている。IOCでは夏季オリンピック北京大会でEWSを利用したモニタリングを開始し、2009年からは自らが開発したシステムを活用、各競技の世界連盟等との連携によるシステムの改良を進めるとともに、２０１３年にはＩＣＰＯとも覚書を交わし、より拡大的な監視システムを検討している。スポーツとベッティングに関する情報提供会社であるSportraderではモニタリングと不正防止のための諸活動をパッケージで提供していて、ＩＣＰＯやEUROPOLなどの警察機構、ベッティング関連団体、行政などとも協調関係を築いている。SportraderとはＵＥＦＡやＡＦＣなどの大陸連盟から各国のサッカー協会、そしてドイツハンドボールリーグやフランステニス協会など各種目の団体がパートナーシップ協定を結んでいる。欧州くじ協会でもスポーツとベッティング双方の発展のために行動規範を作成するとともに、２００５年より試験的に運用してきた監視システムを２００９年に完成させていて、世界くじ協会でも、欧州くじ協会のシステムを基盤としながら、国際的なシステムを構築している。

検証の部分では立法府が主要アクターとなる法律の整備や、警察が主要アクターとなる調査・捜査が該当する。スポーツの試合の操作を扱う法律は比較的新しいものであるが、欧州を中心とした各国で法律の整備が見られる。特に八百長防止体制を持っていることは巨大スポーツイベントの開催国として求められる要素ともなっていて、２０１２年夏季オリンピックロンドン大会を前にした英国、２０１２年サッカーユーロ大会を前にしたポーランド、２０１４年冬季オリンピックソチ大会を前にしたロシアでそれぞれ対象範囲の拡大や厳罰化が見られた。法律での枠組みとしては、ギャンブル法の中で扱う英国の例、刑法の中にスポーツ汚職という犯罪類型を設けるスペインやブルガリアの例、スポーツ法の中にスポーツに関する汚職を定めるポーランドやギリシャの例、スポーツ法の中でスポーツ犯罪として定めるイタリアやポルトガルの例がある。これらに該当した場合、刑期は数か月の場合が多く、それほど重いものではないものの、ブルガリアでは２０１１年にスポーツに対する犯罪を定め最大禁固6年とするとともに、違法賭博条項を改正しスポーツに関する違法賭博を行った場合は最大で禁固10年としている。また英国でも２０１０年にスポーツベッティングに関する検討会より、ギャンブル法によって最大2年とされている刑期を再考するような提案もなされている。なお、英国の汚職の最大刑期は禁固10年である。もちろん法律だけでなく、まずはそれぞれのスポーツ団体が選手や関係者を守る意味も込め、自身の規定として八百長防止のために十分な規則を設けておくことも重要であり、実際にスポーツ団体の規定に基づき処分が下されたり、CAS（スポーツ仲裁裁判所）で争われている事例もある。

これらの対策はここ数年で始まったものが多く、国内的および国際的な連携は十分ではない。それぞれの連携があり、包括的な対策が取られるようになって初めて八百長対策は機能すると言える。オーストラリアでは2011年に八百長防止についての国家政策を策定し、各業界間で協調した行動を取るようになっている。オーストラリアは連邦制を取っており、スポーツ行政や賭博に関する管理は各地域政府が権限を有しているが、手段の自由度を残しつつ、国家内で基準を統一できるように設計されている。これは各団体や業界間の自発的な単独協定を越える先行的な事例と言える。EUの欧州議会では2009年と2011年にオンラインギャンブルと八百長に関する問題提起の決議を行っていて、欧州委員会も同様の認識を示している。欧州連合理事会では八百長について重要課題であるとの認識を示すとともに、教育・予防・グッドガバナンス、監視、懲罰、協力、国際協調の5分野における行動が必要であるとしている。

今後の情勢に最も影響を与えると考えられるのが昨年欧州評議会で採択された八百長防止のための新条約である。欧州評議会では観客暴力やアンチ・ドーピングに関する条約を有しているが、次の重要課題として八百長を捉え、2013年より起草作業を行っていた。策定過程ではUNESCOやICPOなどの国際機関、IOCやUEFAなどのスポーツ団体、世界くじ協会や欧州くじ協会といった販売側など全方位的に協調関係を築きながら進められていて、現時点では世界レベルで各セクターが一同に会して議論をし、策定された唯一の対応策であると言える。

7. クリーンな日本である意義

2013年9月アルゼンチンはブエノスアイレスで開催されたIOC総会において、日本は2020年のオリンピック・パラリンピック開催国として選ばれた。開催都市としての東京そして日本の総合力が評価されたことは大変喜ばしいことであるが、最後まで争ったトルコとスペインが前者はドーピングスキャンダル、後者は八百長スキャンダルの最中にいて、スポーツインテグリティの側面でマイナス要素を抱えていたことも事実である。幸い日本は現時点ではスポーツインテグリティの側面において大きなスキャンダルを抱えていないものの、それはそのまま将来にわたる安全を確約するものではない。一般的な話として、日本はその地理的・言語的な性格から、犯罪が数年遅れて入ってくると言われることがある。インターネット上でのスポーツベッティングの拡大に伴い、金銭的利益追求型の八百長が拡大してから数年が経過し、八百長組織の新たな対象地域として日本も狙われていても不思議ではない。

サッカーについて言えば、注目度の高い欧州主要リーグが夏にリーグ戦を行っていないのに対し、異なるカレンダーを採用する日本のJリーグは夏場に試合を行う数少ないリーグの一つとなっている。実際に既に１００社以上のスポーツベッティングオペレーターが日本の試合を賭けの対象としており、その範囲はJリーグのみに留まらず、時にＪＦＬも対象とされている。私自身も海外の街角で日本のサッカーの試合が放送されているのを見かけることがあるが、多くの場合はその試合が賭けの対象になっていることが多い印象である。スポーツ的な興味だけではなく、賭けの対象としての興味から日本のスポーツに眼差しを向けている人たちがいることを理解する必要がある。日本で開催されたバドミントンの国際大会で八百長フィクサーの活動が認められた事例も存在している。また日本から海外へ飛び出して活動している場合には、サッカーの主審がタイで八百長フィクサーから接触されている。この主審は八百長へ加担することを拒絶しており、それは褒められるべきことであるものの、その後の情報の扱いや当事者の安全を守り、不安を取り除く体制については整備しきれていないことも当時論点となった。当然スポーツ選手やそのスタッフの活動範囲は遠征や移籍など世界各地に渡り、渡航先の国の中には八百長の大きな問題を抱えている国も少なくない。八百長の対策を講じる際には、国内の選手やスタッフを守る視点、海外で活動する選手やスタッフを守る視点、そして海外から日本にやってくるスポーツファミリーに安心してもらえるような体制整備の視点が欠かせない。

日本のクリーンで安全なスタジアム、ドーピングや八百長をしないクリーンな選手は世界に誇れることの一つであり、したがって、スポーツインテグリティという分野は日本の得意分野の一つであると言える。日本のスポーツ界としては、新しい八百長防止という潮流に対しても、世界的な流れと協調しながら体制を整備し、毅然とした態度で脅威と闘っていることを内外に示すことで、スポーツ界全体の安全性保全に貢献するとともに、日本のプレゼンスを高めていくことが可能であると言えるだろう。

（独立行政法人日本スポーツ振興センター）

時評

失われた日本バスケットボール界のガバナンス力は再生できるか
―資格停止処分問題から見えるアマチュア主義の無責任体制―

上柿和生

はじめに

長い混乱と混迷が続いていた日本バスケットボール界に、ようやく再起スタートへのスイッチが入った。この混乱とは、２００５年の当時、企業チームが主体であったＪＢＬ〈バスケットボール日本リーグ機構（現：ナショナルリーグ＝ＮＢＬ）〉から2チームが脱退してプロリーグｂｊリーグを創設（当時は日本協会へ加盟登録していない）したことに始まる。

その脱退の理由は、経済不況の影響で相次ぐ企業チームの休廃部と撤退が続き、企業の経営状況に振り回されないために、地域密着型のプロ化したチームでリーグを構成するという、リーグのプロ化路線（内実は複雑）を巡っての対立だった（その後、日本リーグもプロとアマの混在するＮＢＬに改変する）。

以来、両リーグは頑なに独自路線をとるが、袂を分かったｂｊに対して当時の日本リーグＪＢＬを統括する日本協会（以下ＪＢＡ）は、国際バスケットボール連盟（以下、ＦＩＢＡ）の規則により、その国及びＦＩＢＡ傘下の協会に登録していない選手は代表に選ぶことは出来ないため、ｂｊリーグに所属する選手を日本代表に選ばないなど、様々な対立の中で両者の亀裂はさらに深いものとなっていった。

このために、１９７６年のモントリオール五輪大会を最後に五輪出場を逃している男子日本代表の強化にも影響が出るまでになった。さらに２００６年の世界選手権開催で被った巨額赤字責任問題が泥沼化したＪＢＡは主導権争いと人事抗争の内紛に明け暮れ、課題の男子国内トップリーグのプロ化、2リーグ統合問題への不手際も度重なり、組織崩壊の危機に晒された。これらの問題に対して、２０１３年12月、ＦＩＢＡはＪＢＡに対して異例の勧告を出した。その内容は、『日本協会のガバナンス（組織統治）の確立』『日本男子チームの強化体制の確立』『2リーグ（ＮＢＬとｂｊのリーグ）の統合』を14年10月までに解決しなければ無期限の資格停止処分を課すというものであった。しかし、一向に内紛が収まらないＪＢＡはその対応を巡って理事会・執行部が紛糾騒然とし、会長辞任、会長代行の就任と辞任と混迷は深まるばかりであった。その結果、ＪＢＡは回答期限日までにＦＩＢＡに対して回答成案を提出することができず、ＦＩＢＡは勧告どおり昨年11月26日に処分を通達した。

そして、明けて1月28日、ＦＩＢＡは日本バスケットボール界の改革を行う「ＪＡＰＡＮ ２０２４ ＴＡＳＫ ＦＯＲＣＥ（タスクフォース）」をスタートさせた。そのチェアマンには日本サッカー協会最高顧問の川淵三郎氏と、ドイツバスケットボール協会会長でＦＩＢＡの財務責任者を務めるインゴ・ヴァイス氏が就き、メンバーにはＪＯＣ副会長、日本体育協会専務理事など日本スポーツ界のトップらが名前を連ねる強力な布陣をしいた。

2月12日には、川淵チェアマンが私案の段階と言いながらも新リーグの構想に言及、５０００人規模のアリーナを優先的に使用できる状況を作ってほしいと各チームに求めた。さらに3月25日には、来年10月に開幕するＪＰＢＬ（一般社団法人ジャパン・プロフェッショナル・バスケットボールリーグ）への参加基準（上位から1部12〜16チーム、2部16〜24チーム、地域の3部構成：4月末エントリー締め切り）を正式に決めた。ここまでの流れを見ると、まさにＦＩＢＡ主導の改革プロジェクト「タスクフォース」の動きは、黒船のごとき圧力で日本バスケットボール界に改革と刷新を迫るものであった。

タスクフォースの狙い

4月15日、新聞各紙朝刊のスポーツ面は、日本協会（ＪＢＡ）の新会長に、タスクフォース（特別チーム）の川淵三郎チェアマンが就くことを報じた。さらに、来年開幕の新リーグトップを務め再生するＪＢＡの事務総長には、Ｊリーグ常務理事の大河正明氏を当てることが伝えられ、バスケットボールの再生はサッカー界に委ねられることが決定した。これは、国際連盟から前代未聞の無期限資格停止処分（国際試合の出場停止など）という事態を招いた日本バスケットボール界に、もはや再生力と改革の当事者能力なしと烙印を押されたようなもので、その人材難はもとよりガバナンス力の欠落をあらためて衆目に晒すこととなった。

そして4月22日、都内で臨時理事会を開いた日本バスケットボール協会は、川淵三郎氏が会長に就任する新体制を5月13日に発足させることを発表し、財政など組織運営の透明化を図るため、来年6月までに、加盟する都道府県協会に法人化を義務づけることも決めた。また、国際連盟（ＦＩＢＡ）から資格停止処分を科された、梅野哲雄会長代行ら現ＪＢＡ理事会メンバーは責任を取って総辞職。現在の評議員も29日の臨時評議員会で総辞職することとなり、4月に入って改革のスピードは一気に上がった。それはまるで明治維新の大政奉還のように見えたのは錯覚か、バスケットボール関係者が幕臣にも似た末路に映った。

さて、既に、日本バスケットボール協会のガバナンス力の喪失と混乱の背景と経緯については、多くの解説と論評が出されているが、あらためて今日に至ったその問題点を探ってみたい。

なぜ、日本協会は本丸を明け渡すことになったのか

組織支配権を分け合った学閥主義とアマチュア主義の禍根

長い間、日本バスケットボール協会は、学連ＯＢや実業団連盟役員などを中心に組織運営がなされてきた歴史がある。それを運営する47都道府県から選出された評議員、理事の大半は高校教員であり、それを出身大学でみると日本体育大学など教育系大学出身者がほとんどを占めていた。また、日本協会の要職は旧連盟（戦前から活動していた大学で構成）といわれる関東大学バスケットボール連盟の出身者や日本実業団バスケットボール連盟役員（必ずしも日本リーグチーム関係者だけではない）がボランティアであるが独占的に就いていた。この関係は、中央（協会）は学連ＯＢや実業団連盟関係者が牛耳り、地方（協会）は学校体育関係者が支配するという二極構造で、強化（チーム・リーグ）は中央が担い、育成・普及は（学校）地方が担当する分担制を敷いた格好になっていた。それは見た目は分業制であるが、お互いが日本バスケットボール界のビジョンを描き価値観を共有し連携をしていた訳ではない。あるのは、それぞれが握る既得権益を相互で不可侵的に守り合い組織支配権を按分する了解と、偏狭な体育会的同士結合の学閥的意識を満足させることに価値が置かれた縄張り意識だけであった。

さらに中央・地方組織においてボランティアで活動する役員・関係者の意識と感覚は、独善的なアマチュア主義に捉われ、組織主管の大会や日本リーグの運営に、経営の論理や収支マネジメントの視点を入れることは半ばタブーでもあった。その結果、広報力・情報発信力も弱く、それに伴って集客力も上がらず、協賛企業や自治体などへのアピール度も極めて低いものであった。もちろん、そこには組織一体となった、バスケットボールの価値創造へ向けたアイディアも意欲的な取り組みはなく、今日の失われたガバナンスの要因のひとつになっていることは言う

までもない。

アマチュア主義の限界

１９６７年からスタートした日本実業団バスケットボール連盟が主催する日本リーグでは、発足7年後の１９７４年からチーム関係者が自チームの競技力強化のために外国人選手（プロ契約）を積極的に導入していった。これは１９６４年の東京オリンピック以降、国民のスポーツ熱が高まりスポーツそのものがメディア価値を持ち、特にテレビ各局が優良コンテンツとしてプロ・アマを問わずスポーツ中継に取り組んだことが大きく影響している。それは企業にとっては、所属チームの活躍が社員、従業員のモラルアップと愛社精神の醸成に最大の効果を発揮すると同時に、企業イメージの好感度と知名度を高める格好の宣伝媒体となったからである。

これに対応して、企業チームの社員選手の補強にも変化が生じた。バスケットボールをするだけの選手を期限付き社員として契約・所属させるセミプロ選手が増え、チーム状況は契約プロ選手とアマチュアの社員選手の混在する混沌状態になる。しかし、チームを率い担当する部長・監督・コーチなど、スタッフの多くは身分を保障されている社員・従業員のため、企業スポーツの最大目的である、社員の「福利厚生」社員の「士気向上」「職場の一体感」という企業アマチュア主義の呪縛に捉われたままであった。これではスタッフと選手の間に活動目標とモチベーションに齟齬が生じるのは必然であり、チームマネジメントにおいても単年度ごとの予算設定のなかチーム強化方針も定まらないチームは、日本リーグ、ＪＢＬのなかで競技力を低下させリーグバリューも落とした。

一方の日本協会の組織運営を担う役員の意識も前述した通りの状況のなか、セミプロ化した選手を抱える実業団チーム関係者と同様にアマチュア主義から抜け出せないために、プロリーグ運営というビジネスシーンをリアルに描き切れなかった。

それもそのはずである。日本協会及び実業団連盟・日本リーグのチームは、日本リーグおよびＪＢＬ時代の途中まで、リーグ運営（開催権）を開催分担金と引き換えに地方協会へ委譲したために、日本協会・実業団連盟・参加企業チームの3者とも、マネジメント力を培うことも意識の醸成もできず、世界標準のリーグ経営に必要なプロフェショナルなスキル、ノウハウを身につけるチャンスをみすみす逃すこととなった。そして、面倒なことはタライ回し的に他者に委ねるうちに、関係者の当事者責任の喪失と事なかれ主義が体質化した。
その背景には日本代表が世界の舞台から遠のき、指導者が学校体育の内向きの世界で覇権を競うことで終始していたことも影響したと考えられる。事実、前述したとおり日本バスケットボール協会の活動方針を決める評議員の約60名の大半が、高体連、中体連から選出された体育教員出身者（都道府県協会の事務局は47都道府県のうち、40県近くが高校など学校に県協会の事務局が置かれている）で占められれば、組織や大会の運営基準が学校体育の延長のなかで行われてもなんら不思議ではない。しかも運営現場が学校関係者というアマチュアのボランティアであれば、経営の視点が入る余地はない。そこには、世界を目指すためのピラミッド型のリーグ構築をする展望はなかったために、現状を由としたのだろう。

世界を目指すサッカーと内向きバスケットとの違い

日本のスポーツが世界と戦える競技力を高めるために、サッカーが日本リーグを立ち上げたのは１９６５年（昭和40年）である。これは64年の東京五輪でサッカー日本代表を指導した、当時の西ドイツから招いたデットマール・クラマー氏の5つの提言を実行したものである。

それは、**1．強いチーム同士が戦うリーグ戦創設。2．コーチ制度の確立。3．芝生のグラウンドを数多く作り、維持すること。4．国際試合の経験を数多く積むこと。代表チームは1年に1回は欧州遠征を行い、強豪と対戦すること。5．高校から日本代表チームまで、それぞれ2名のコーチを置くこと。**（三上孝道『日本サッカーの父　デットマール・クラマーの言葉』より）であり、日本サッカー協会は、**「強いチーム同士が戦うリーグ戦創設」**ために日本リーグを創設したのである。その運営は当時の西ドイツのブンデスリーガを参考にしたホーム&アウェー方式を取り入れた。そして、小さいながらもチームはフロント機能を持ち、リーグに運営役員を出して自主運営を行った。

そのサッカーに遅れること2年、１９６７年（昭和42年）にバスケットボールとバレーボールが日本リーグを創設する。しかし、バスケットボールとサッカーとは大きな違いがあった。それは、繰り返しになるがバスケットボールは、チームは自分たちで日本リーグを運営しないで興行権を都道府県協会に買ってもらう丸投げ方式をとったことである。これだとチームから運営役員を出さず運営は下部チームや都道府県協会のボランティア役員に任せればよく、チームにフロント機能を備える必要はなかった。

つまり、チーム活動は会社業務の一環でしかない企業チームにとれば、日本リーグの試合運営に関わることは業務外の仕事であり、試合会場に出向き、その日、地方都市のファンと動員された会社関係グループの応援者の前で一汗流せば済む会社業務の方を選んだということである。

これを考えると、企業チーム関係者がアマチュア主義を盾に、プロリーグ結成に繋がるｂｊリーグとの統一化に向けた話し合いをうやむやにし続けたのはなんら不思議なことではない。

協会理事・役員の構成をみても、サッカーとバスケットボールでは更に大きな違いがあることが分かる。サッカーは日本代表選手ＯＢである川淵三郎氏（古河電工）、森健兒氏（三菱重工）や古河電工の木之元興三氏等がフロントからリーグの運営及び協会理事・役員を兼ねてイニシアチブをとり実務もこなしている。この主体的なリーグ経営こそが１９９３年のＪリーグ創設に繋がり、２００２年のサッカーワールドカップを開催できる世界標準のスポーツ組織力を持ったのである。

しかし、バスケットボールを見ると日本代表ＯＢはチームの強化部門に限定され、代表監督はやってもチーム・リーグ・協会の運営に関わらないため、組織運営者の人材として育たなかった。さらに、サッカー人気にも押されバスケットボールそのものが低迷し、企業スポーツとしてバリューを下げてきたことも影響する。特に１９９０年代以降、グローバル化が進む日本経済の中で、生産コスト高や業態転換に対応できない企業では生産縮小や倒産が相次ぎ、名門といわれた熊谷組、ＮＫＫ、三井生命、日本鉱業、住友金属など、これまで日本代表を輩出してきたチームが休部という名の廃部に追い込まれ、日本リーグから姿を消した。そのため、現在の日本代表を出している企業チーム（トヨタ、アイシン、日立、東芝）ＯＢの元日本代表では年齢的にも若く、ＪＢＡの運営に関わっていないことで、世界を目指す強化方針を構築できなかった。これはいわば、携帯電話の「ガラ携」と揶揄される状況と同じで、世界標準とは異なる仕組みの強化体制で世界を目指す他のスポーツ組織とも隔絶されてしまった。代わりに高体連、学連など学校の先生たちが体育の延長線上で日本協会、日本リーグの運営に携わってきたことは前述したとおりである。

この、学校体育の目線と企業サラリーマン意識が混在する組織が、全ての面でなぜ、自己確立が遅れ自己決定力を持ち得なかったのか、バスケットボールの改革に〝なぜ〟〝サッカー〟の手を借りねばならなかったのか、その理由《わけ》は1964年の東京五輪で遺した財産を自らの手で懸命に育てた組織との違いに見える。

FIBAの本当の狙いとは

FIBA事務総長のパトリック・バウマン氏は、1月28日に開かれた第1回タスクフォースの会合の記者会見で「今日は日本のバスケ界にとって歴史的な一日となる。これからの未来を描いていきたい」と挨拶した。では、バウマン氏が描きたい未来とは何なのか。そこには、2020年の東京五輪開催を機に63万超を抱える競技人口を持つ日本バスケットボール界と、強大なアジア市場を見据えてのFIBAのビジネス戦略が映っているのではないか。

タスクフォース・メンバーには電通執行役員の中村潔氏が入り、新しく設立された一般社団法人ジャパン・プロフェッショナル・バスケットボールリーグのマーケティングを電通が担当する。そして、新リーグのプロ化を渋っていたトヨタが参加を決め、4月28日にはNBL、NBDL（NBLの2部）、TKbjリーグの全47チームが参加すると発表した。しかし、FIBAの狙いはトヨタチームの新リーグへの参加より、世界一のスポンサーとして獲得したいのではないだろうか。そのために電通の力は何よりも必要であり、タスクフォース・メンバーの人選もFIBAが主導で行ったと関係者から漏れ聞こえる。トヨタにしても少子高齢化で購買力の落ちていく国内市場より、世界市場、アジア市場をより開拓したいだろう。トヨタにとって、昨年、FIFAサッカー・クラブワールドカップ（トヨタカップ）の冠スポンサーから撤退したこともあって、新しくバスケットボールワールドカップやアジア・バスケットボールリーグでマーケティング展開できれば、それは悪くない話である。

FIBAにとっては日本ではじめてプロリーグを成功させたサッカー界の大立者と電通の力を借りて日本バスケットボールを再生させアジアの覇者に育てることが出来れば、世界一のスポンサー企業を手に入れることは容易なはず。IOC委員でもあるバウマン氏が、五輪商法を熟知し〝将を射んと欲すれば先ず馬を射よ〟を狙っているとするなら、日本のバスケットボール界も企業チームのオーナー会社も易々と射られてはなるまい。

いずれにしても、春の終わりから初夏にかけて、バスケットボールから目が離せないことになった。ゲームのホイッスルは、まだ吹かれたばかりである。

（スポーツデザイン研究所）

時評

アギーレの八百長疑惑からハリルホジッチ就任まで

宇都宮徹壱

たった1カ月で「世界的な名将」を引き当てた技術委員会

前日本代表監督のハビエル・アギーレが成田空港に現れたのは、後任となるヴァイッド・ハリルホジッチ新監督の就任会見が行われた翌日の3月14日であった。報道によると、アギーレは国外で休暇中に契約解除となったため、日本の自宅に置いたままの荷物を引き上げるために再来日することとなったという。仕事熱心な某スポーツ紙の記者が当人にコメントを求めたが「私はJFA（日本サッカー協会）とは関係ありません。ただのツーリストなので、お話しすることはありません」と、つれない返事だったようだ。

想像するに、アギーレ自身はよもや自分の後任が、これほど早くに決まるとは思わなかったのではないだろうか。自身の契約解除が発表されたのは2月3日。そして、ハリルホジッチの内定が発表されたのが3月5日。その間、ジャスト30日である。思えば、当時のJFA技術委員長だった原博実（のちに専務理事を兼任）と、その片腕であった霜田正浩（のちに技術委員長に就任）が、アギーレを日本に迎えるためには実に4年の歳月を要していた（アギーレは息子の学業への影響を考慮して、日本からのオファーを一度は断っており、代わりにアルベルト・ザッケローニが2010年に新監督に就任している）。

この2月という時期は、新監督を探すにはあまりにもタイミングが悪すぎた。ヨーロッパはまさにシーズンたけなわ。JFAが求める「経験豊かで、ワールドカップやチャンピオンズリーグでの実績があるフリーの指導者」など、なかなか残っていない時期である。「それなら日本人監督（あるいはJリーグで指導している外国人監督）でもいいではないか」という意見もあったが、ちょうどJクラブは新シーズンを控えたキャンプの時期。いくら非常事態だからといって、無理やり国内のクラブから指導者を引き抜くわけにもいくまい。

さまざまな制約があったにもかかわらず、Jクラブにダメージを与えることなく、そして「世界を知り、世界での経験を有している監督を選出すべき」

という当初からの条件を下げることなく、結果としてハリルホジッチという名将を招聘できた。そのことについては、今回の技術委員会（とりわけ霜田委員長）の働きは、もっと評価されるべきだと思う。

その一方で、原専務理事と霜田委員長については、アギーレの任命責任を問う声が（特にメディアを中心に）挙がっていた事実は見逃せない。「オファーを急ぎすぎたために身辺調査が二の次にされた」「八百長騒動の責任をとらず、そのまま霜田委員長が後任監督を探すのはおかしい」という意見も少なくなかった。

一見、それらは正論に思える。しかしながら、技術委員会が次期代表監督探しを急いだことも、霜田委員長が職務を継続したことも、いずれも納得できる理由があってのことである（余談ながら、アギーレが契約解除された際、霜田委員長は大仁邦彌会長に辞意を伝えたものの、「後任監督を見つける職務を全うするべき」と強く慰留された経緯がある）。

アギーレの八百長疑惑から端を発し、ハリルホジッチ就任に至るまでの一連の騒動は、単に「JFAの失態」をあげつらうのではなく、その背景にあるものも考察していく必要がある。本稿がその一助となれば幸いである。

なぜアギーレへのオファーを急いだのか？

JFAが、アギーレとの間で日本代表監督就任に関する合意に達したことを発表したのは、ブラジルで開催されたワールドカップの興奮が冷めやらぬ昨年7月24日のことであった。しかしスペインのメディアは、すでに4月の時点で「日本の次期監督候補にアギーレもリストアップされている」ことを報じており、現地の報道を引用する形で日本のメディアも6月下旬の時点では（つまり日本代表がブラジルから帰国するくらいのタイミングで）、次期監督にアギーレが就任することが既定路線であることを伝えている。

これほど早い段階でアギーレの名前が浮上していたのは、それだけJFAのアクションが早かったからであるが（原専務理事は「本人と交渉したのはワールドカップが終わってから」としているが、4年前からコンタクトをとり続けていたことは認めている）。背景にあったのは、2010年のワールドカップ終了後、次期監督探しが難航したことが挙げられる。結果としてザッケローニ就任の発表と本人の会見は8月31日にまでずれ込んだ(この時は、なかなか新監督が決まらないことに対してメディア側から少なからぬ批判が出ており、その説明のための会見も開かれている)。

ザッケローニの招聘が画期的だったのは、監督候補に求められる条件を明確化した上で、リサーチからリストアップ、そして交渉から契約合意に至るまでのプロセスのすべてを技術委員会主導で行ったことであった。至極真っ当なことのように思われるかもしれないが、それまでの代表監督選びはJFA会長の鶴の一声で決まるというケースが常態化しており、かつまた候補者も日本での指導経験がある者がほとんどであった。原技術委員長(当時)の試みは、それまでの悪しき慣例を打ち破る、極めて画期的かつ意欲的なものであったわけだが、結果として痛感させられたのがヨーロッパで交渉することの難しさであった。

技術委員会がリストアップを終えて、ヨーロッパでの交渉を始めたとき、「これは!」という指導者は、そのほとんどがすでに次の就職先が決まっていた。ナショナルチームであれクラブチームであれ、指導者がチームを率いるにあたって重視するのは、ステイタス、キャリアアップ、モティベーション、現地での生活(治安や子供の教育など)、そしてもちろんギャランティーである。そのいずれもが、日本にとっては不利なものばかりであった。そして日本のハンディの多くは、ヨーロッパとの距離感に起因している。

一般的なヨーロッパに指導者にとって、日本は地理的にも心理的にも、われわれが想像する以上に遠く感じているのが実情だ。世界のフットボールのメインストリームは、あくまでもヨーロッパ。そこから離れて極東の島国で4年間を過ごすことは、すなわちヨーロッパで忘れられることを意味する。加えて、日本での成功がそのままキャリアアップにつながる保証はないし、2億数千万円とされる日本代表監督の年俸も欧州基準で考えればさほど魅力的とは言えない(ナショナルチームの年俸は、イングランドやイタリアなどの強豪国では4~5億円が相場。ロシアのファビオ・カペッロは11億円とされている)。

苦労の末に招聘したザッケローニは、個人的には素晴らしい監督だったと思う。また、日本のサッカーのみならず、文化や食事や国民に対してひとかたならぬ愛着を示してくれたことについても感謝している。とはいえ、彼のキャリアがすでにピークを過ぎていたこと、そしてワールドカップという大舞台での経験のなさが致命的となったことは、いずれも事実として認めざるを得ない。それはすなわち、2010年時点での技術委員会の限界を示すものでもあった。

では、国際大会の経験と実績が豊富

で、なおかつ世界のトレンドを日本代表に植え付けることができる指導者を、どうすれば日本に引っ張ってくることができるのか。これまでの情報収集や人的パイプの構築に加えて、技術委員会が重視したのが「初動の速さ」であった。アギーレへの素早いアプローチには、こうした背景があったのである。

推定無罪の原則は守られたのか?

ザッケローニの後任として新監督に就任したアギーレであったが、日本代表の2014年の成績は、決して順風満帆と言えるものではなかった。ウルグアイ戦●0‐4、ベネズエラ戦△2‐2、ジャマイカ戦○1‐0、ブラジル戦●0‐4、ホンジュラス戦○6‐0、オーストラリア戦○2‐1。初陣でいきなりアルゼンチンを破ったザッケローニと比べると、いささかインパクトに欠けたといわざるを得ないかもしれない。が、アギーレにはそれなりに確信があったようだ。年内最後のオーストラリア戦を終えた直後の会見では「この6試合の中で、このチームはゲームのプレーの形、激しさ、コンセプトといったものを習得してきた。計画通りに前進していると言える」と語っている。翌年1月9日から開幕するアジアカップに向けて、指揮官の視界は良好であるように感じられた。

そんな中、突如として浮上したのが、あの八百長疑惑である。概要としては、2011年5月21日に行われたレバンテ対サラゴサの最終節の試合で、サラゴサの2部降格を阻止するために八百長が行われた可能性がある、というもの。この時、サラゴサを指揮していたアギーレにも嫌疑がかかることとなったわけだが、ここではその詳細について述べるのは本稿の主旨ではないので割愛する。ここで私が注目したいのが、アギーレ体制でアジアカップを戦うことが決まった12月時点での、メディアの論調である。

バレンシアの裁判所が、本件に関して正式に告発したのが12月15日。これを受けて18日に、原専務理事がJFAとしての立場を明確にするための会見を行っている。しかるべき立場にある人物がメディアに向かって発言し、質疑にもしっかりと応じたという意味で(いささか遅きに失した感はあったものの)評価できるものであった。

この席で原専務理事は、現時点での判断として「アギーレ監督がアジアカップの指揮を執る」と明言した上で、①現状の正しい認識、②事態の推移やスペインの司法制度などの情報収集、③状況に応じてしっかり対応していくこと、以上3点を強調していた。できればアギーレの契約内容についても守

秘義務を理由に明かしてほしかったのだが（解任して違約金が発生した場合、とりわけ契約期間は重要な意味を持つ）、それ以外のすべての質問について原専務理事は、誠意をもって回答していた。それに対してメディア側からの質問は、要領を得ないものや感情むき出しのものも少なくなく、中には「本人に身を引いてもらうことを考えていないのか」という極端なものまであった。

少なくとも、この時点でアギーレは起訴もされていなければ、告発が受理されたわけでもない。であるならば「推定無罪」の原則により、メディアはより慎重であるべきではなかったか。この時のアギーレとJFAに対する糾弾キャンペーンは、結果として「アギーレ＝限りなく黒に近い人物」「サッカー＝八百長が起こりやすいスポーツ」という認識をあまねく広めることとなってしまった。そしてメディアが騒げば騒ぐほど、日本代表とサッカーに対する世間一般のイメージは、日に日に悪化していったのである。

原専務理事の会見から9日後、年の瀬の27日にアギーレ自身が釈明会見を行った際も、メディア側から完全に「クロ」と決めつけるような質問が相次ぎ、ほとんど吊し上げのような状態になってしまった。それでも、アギーレは気丈にも前を向いたまま「私は39年間、プロサッカーの仕事を続けているが、そこには一点たりとも汚点はない」と断言している。

今回の疑惑が、どのような判決を迎えるのかはわからない。が、少なくとも身の潔白を主張するアギーレの毅然とした態度は、非常に立派であったと思う。また「推定無罪」の原則から、監督を守ろうとするＪＦＡ（とりわけ原専務理事）の姿勢も、極めて真っ当なものに感じられた。反省すべきは、騒ぎを大きくするたびにアギーレのみならずサッカー全般のイメージを悪化させ、後出しジャンケンのように技術委員会の任命責任を批判するメディアの側にあったのではないか（なお、スペインのメディアがこの件を報じる以前、疑惑について言及した日本のメディアは皆無であったことは銘記されるべきである）。

今回の教訓から得られるものは何か？

連覇を期待されて臨んだ、今年1月のAFCアジアカップ2015。日本は準々決勝でPK戦の末にUAEに敗れ、実に5大会ぶりにベスト8止まりという結果に終わった。試合後の会見でアギーレは「さらに前を向いていく」と、次の目標であるワールドカップ出場に向けて文字通り前向きなコメントを残しているが、結果としてこれが日本代表監督としての最後の会見となってしまった。

2月3日、JFAは「（八百長疑惑に関する）検察の告発が受理されたとの事実が確認できた」として、大仁邦彌会長がアギーレに契約解除を申し入れ、当人はこれを受理。かくして、アギーレ体制はあっけない幕切れを迎えることとなった。2014年7月24日の就任から195日。この間、指揮を執ったのは10試合。パウロ・ロベルト・ファルカン（就任期間1994年3月～10月）の9試合よりも1試合だけ多いが、就任期間が6カ月半というのは歴代外国人監督の中で最も短命であった。

後任人事の関しては、難航が予想された。先に述べたとおり、ヨーロッパはまさにシーズンまっただ中にあり、しかも日本代表監督を引き受けるにはそれなりのリスクを覚悟しなければならない。時期的な制約、そして地理的な制約。しかし、それらを見事にクリアし、なおかつ驚くべきスピード感をもって、JFAはハリルホジッチの招聘に成功した。

その一方で、霜田委員長と前任者の原博実専務理事に対しては、アギーレ前監督の任命責任を問う意見もある。確かに、アギーレの身辺調査についての甘さがあったことは事実だ。その点についてはJFAに落ち度があったと言えるし、批判の対象となることは仕方がないと思う。だがもし、責任追及により技術委員会があの時点でリセットされ、それまで培われてきた経験とネットワークが寸断されていたら、今回のような迅速かつ的確な後任監督選びは不可能に近かったと考える。あくまで技術委員会の責任を問うのであれば、そうしたリスクに対する明確な対案をメディア側はきちんと出す必要が

あるだろう。

今回のアギーレの（事実上の）解任について、日本サッカー界が学ぶべき点があるとすれば、それは「ヨーロッパとの距離感」であると考える。それは、優秀な指導者を招聘しにくいという話にとどまらず、情報伝達速度の違い、常識の尺度の違い、サッカーの社会的地位の違い、といったものも含まれる。端的な話、こうした指導者のスキャンダルに関するリスクというものは、ヨーロッパに身を置く関係者にとってはわりと身近な話であるが、ＪＦＡにとってはまったくの想定外。換言するなら、ヨーロッパのフットボール界が内包するリスクに対して、あまりにもナイーブだったと言える。

それでも今回の騒動を契機に、ＪＦＡは多くのことを学んだ点については留意すべきである。今回のハリルホジッチ就任に関しても、海外の調査機関を使ってより緻密な身辺調査を行ったことが明らかになっている。また前述したとおり、わずか1カ月の間に世界に通用する指導者を招聘できたこともまた、これまでの学びの積み重ねがあればこそ、と言えよう。

アギーレの八百長疑惑からハリルホジッチ就任に至る一連の騒動は、確かに日本サッカー界のさまざまな問題点を露呈したが、トータルで考えればすべてをネガティブに捉える必要はない。大切なのは、そこから何を学び、そして同じ失敗を繰り返さないことである。（文中敬称略）

（写真家・ノンフィクションライター）

スポーツ研究入門

大正から昭和戦前期の青年団活動と体育・スポーツ

小野雄大

はじめに：青年団とは

　わが国には江戸時代以来、各村々に「若者組」や「若い衆」と呼ばれる地縁的な青年集団が存在し、村の治安維持や神事祭礼を担当するとともに、青年教育の場としての役割を果たしてきた。このような地縁的な青年集団を母体とし、昭和戦前期に官製の社会教育機関として位置づけられた団体が「青年団」である。青年団は、明治後期から大正期にかけて、内務省や文部省を中心とする国家の指導を受けて発展し、主に義務教育修了後に、地域において労働に従事する青年に実業・補習教育を施すことを目的としていた。

　大正から昭和戦前期までのわが国において、地域社会を支える教育機関であった青年団が持つ意義は大きい。例えば、『日本帝国文部省第56年報』（文部大臣官房文書課、1933）の報告によると、昭和3（1928）年度の小学校卒業者は、184万7495人（尋常小学校・高等小学校合計）である。これに対して中学校進学者は8万1567人にすぎず、中学校進学者の同年齢の青年に占める割合は、約4・4％に留まっている。

　このような進学状況を背景として、昭和初期の青年団には、約300万人に上る青年が在籍し（大日本連合青年団調査部、1934）、わが国の15歳から25歳の青年のうち約6割をも占めていた。このことから、わが国の昭和戦前期までの社会教育は、「青年団本位であった」（宮坂、1968、184頁）といわれるほど、青年団は重要な地位を占めた。

民衆不在の体育・スポーツ史

　しかしながら、体育・スポーツ研究の立場から青年団を見てみると、高津（1994）が青年団員らを「通常の体育・スポーツ史に顔を出すことのない彼ら」（高津、1994、360頁）と表すように、これまでの体育・スポーツ史研究において、その存在はほとんど語られてこなかった。わが国の体育・スポーツの歴史は、主として学校教育を中心として語られることが通例であり、そこで対象とされたのは、学校体育の普及・発展に関する制度や政策、あるいはそれに関連した人物や団体であった。このこと自体は、様々な学校教育施策との関連から発展を遂げた、わが国の体育・スポーツの歴史的特質を表しているといえる。したがって、わが国の体育・スポーツの歴史の大部分は、ごく少数の限られた「エリート」を対象としたものでしかなく、青年団員のようなその他の「民衆」は、いわば「置いてけぼり」の状態なのである。

わが国における体育・スポーツの普及・発展の過程をより広い視野で捉えていくためには、各階層の人々がどのような状況において体育・スポーツを実践したのかという視点が不可欠である。この視点をなくして、わが国のこれまでの体育・スポーツの総体を十分に把握することはできないといえるだろう。

以上に示した青年団の体育・スポーツへの関心から、以下では、まず青年団の体育・スポーツに対する国家の動向を確認し、次に、地域の青年団における実際の取り組みの様相について見ていきたいと思う。

青年団の体育・スポーツに対する国家の動向

まず、大正4（1915）年に内務省・文部省は訓令「青年団体の指導発達に関する件」（以下「第一次訓令」と略す）を発令し、青年団の官製化に着手した。第一次訓令の発令の趣旨は、全国各地域の青年団の方針に、統一基準を与えることであった。そして、第一次訓令では「体力を増進」（内務省・文部省、1915）すべきということが明示され、青年団において身体の鍛錬に努めることが求められた。このことは、青年団に体育・スポーツ活動が取り込まれるようになった、政策的契機として位置づけられる。

続いて、大正7（1918）年に内務省・文部省は、青年団に対するさらなる指導の強化を企図して、訓令「青年団体の健全発達に資すべき要項」（以下「第二次訓令」と略す）を発令した。その中で、「青年の身体を鍛錬して其の体力を増進するは国家の活力を養うの要素たり」（内務省・文部省、1918）ということが明示され、青年団ではより一層、身体鍛錬と体力向上に努めていくことが求められた。

それではなぜ、青年団では官製化に伴って体育が重視されたのか。この背景には、わが国が明治中期から後期にかけて経験した、日清戦争（1894－1895）、日露戦争（1904－1905）という2つの戦争の影響があるといわれている。これらの戦争の経験から、内務省と文部省では、今まで以上に国家を支える国民を形成すべく、積極的に教育制度を拡充し、広く国民に教育を浸透させることが課題とされた。そして、とりわけ、その対象となったのが地域の青年層であり、彼らを国家体制を支える基盤として強化するため、青年団体の組織化に主眼が置かれたのである。

一方で、以上に示した内務省・文部省の動向に対して、陸軍の田中義一（以下「田中」と略す）も、軍部の立場から青年教育のあり方について模索をしていた。田中は、大正3（1914）年に、列国の青年教育の実態調査を目的として欧米各国に出向き、視察を行った。田中はこの視察を通して、各国が青年団体に対して軍事的側面から大きな関心を払っていることを知り、青年団の育成に注目することになる。

その際に田中は、余りにも過度の軍事予備教育を施された青年には、軍事訓練に対する軽薄な態度が見られること、また、困苦欠乏に耐え得る精神力や体力が欠如しているという問題点を見出す。そのため、「青年教育と云うものを、軍事的に導くと云うことは、先ず彼等の体力を発達せしめ、意気を剛健ならしめ、活発なる尚武の心を鼓吹すると云う程度に止めて置かなければならぬ」（田中、1915、121頁）として、軍事訓練の一環として青年団に体育を奨励することを構想した。

そして、上記の構想において、田中が青年団の体育に求めたものは、田中が「軍事上の要求としては、彼等の体力を旺盛にして尚武心を鼓舞すると云う事より高い要求はない」（田中、1915、123頁）と述べるように、専門的な軍事知識や技能、あるいは軍隊での活動に直結するような高度な軍事訓練ではなく、強健な体位・体格、旺盛な体力、さらには尚武心や犠牲的精神の涵養など、あくまでも軍隊での活動の前提となる、より一般的な資質や能力の涵養にあった。したがって、田中が青年団の体育を重視した理由は、「軍事的に模倣」（田中、1915、123頁）した「運動」が、軍隊での活動に必要とされる様々な要素の養成に役立つからに他ならなかった。

以上の経緯から、田中は内務省・文部省に対して、体育を用いた青年教育の必要性について強く主張し、内務省・文部省はその主張を受け入れる形で、第一次訓令に体育を重視すべきということを明示した。身体鍛錬を通して、体力と精神力の養成を目指す青年団の体育・スポーツ活動は、第一次訓令発令以後、全国各地の青年団において興隆を見せていった。

事例：府中町青年団の競技部における体育・スポーツ活動

それでは、実際に地域の青年団ではどのように体育・スポーツ活動が行われていたのだろうか。ここでは、「府中町青年団」（東京府北多摩郡府中町）の取り組みを事例として取り上げる。

大正から昭和戦前期の府中町は、町内を通る電車・鉄道網の発達や、商工業の著しい発展によって、東京府の都市近郊に位置する新興商工業地域の中心地であった。このような地域状況において、府中町青年団は、府中町主導の下、大正8（1919）年3月に発足した。府中町青年団の主な活動は、「総会の開催」、「講習会、講話会の開催」、「体育活動」などであった。

府中町青年団の特徴は、体育・スポーツに関する事業を、競技種目別に各々独立して位置づけた点に見られる。具体的には、「競技部(陸上競技)」、「柔道部」、「野球部」、「剣道部」という事業部を設置し、それぞれ「クラブ」という形式を以て活動を展開した。

以下では、その中から、「競技部」の活動の様相について、大正14（1925）年から昭和9（1934）年頃までの競技部機関誌『フチュウスポーツ』（1）における報告を手掛かりとして見ていきたい。

(1)青年団員とスポーツの出会い

大正14（1925）年に、地域の青年に対する陸上競技の普及・向上を目的として発足した競技部であったが、発足当初の時期は、競技の普及・向上というよりも、単に身体を鍛錬することに重点が置かれていたという。すなわち、具体的な目標とされたのは、競技会よりも身体検査（徴兵検査など）の結果の向上であった。

発足当初の競技部の活動を概観すると、例えば、発足から1年後の大正15（1926）年には、「毎月第一、第三の土曜日か日曜日に、小学校のグラウンドに集合し、皆で持久走したり会合したりしている」（府中町体育会競技部、1926、16頁）という報告が見られる。そして、練習への参加も、「意欲の高い者だけが自分の意思で参加する」（府中町体育会競技部、1926、17頁）という状況であった。このような状況のため、クラブとしての組織的な活動はほとんど行われていなかった。

しかし、ある部員が、「競技部に入って初めてスポーツのやり方やルールを知った」（吉田、1926、26頁）と記しているように、競技部の発足は、それまでスポーツに触れることのなかった青年に、スポーツ活動への参画の機会を与えた。スポーツに初めて出会った青年たちは、決して満足に競技に取り組めたわけではなかったが、競技部の発足が契機となって、地域の青年たちにスポーツの裾野を開いた点には大きな意義があったといえよう。

(2)活動の質的向上と競技志向の高まり

発足から2年が過ぎようとする頃、競技部では部の運営を改善し、特に練習内容を向上しようとする動きが見られた。その一つが、競技の指導を行う指導者を青年団の外部から招聘することであった。競技部では、昭和2（1927）年頃より、週末を中心として、外部から指導者を招聘している。それは、競技部の日常的な活動の充実を図り、体制を強化しようとする試みであった。

指導者の素性については不明な点もあるが、近隣の大学の陸上競技部の選手を招聘していたようである。学生を指導者として招聘できたのは、東京府に大学が多く設置されていたことや、府中町の利便性の良さというように、府中町の地理的条件を活かした方法であったといえよう。

そして、指導者の招聘によって、日々の練習に体操や水泳などの様々なトレーニングが導入されていった。この成果は、競技会での結果として現れ、昭和2（1927）年の北多摩郡連合青年団運動会での初優勝をはじめ、昭和3（1928）年には、競技部から初めて、全国大会（明治神宮体育大会）に部員が出場を遂げている。また、その後も全国大会に数名を送り出している。このような競技志向の高まりとともに、部員の練習への参加も半ば義務化されるなど、発足当初の状況とは明らかな変容を遂げている。

次に、二つ目の新たな動きとして、競技部専用の陸上競技場の造成が挙げられる。練習場所については、発足当初から府中町内のグラウンドを用いていたが、このグラウンドは町内の工場の野球クラブや、青年団野球部との共用であったため、使用には種々の制限があった。そのため、練習場所をめぐって他のクラブとのトラブルが後を絶たず、競技部は昭和7（1932）年頃から、新たに競技部専用の競技場の造成を模索した。

そして、時を同じくして、府中町に府内の荏原郡目黒町から競馬場が移転することが決定する。競技部はこの移転事業を大きな転機として位置づけ、部員自ら競馬場の移転事業に「労力奉仕」することで、新競技場造成のための資金を確保した。このように競技部は、得られた資金を以て、昭和9（1934）年に新陸上競技場を造成し、新陸上競技場は競技部の新たな練習拠点として機能していった。専用の練習拠点を確保したことで、益々、競技熱は高まる一方であったという。

（3）国家の意図と青年の意識における「ズレ」

以上に示した状況からは、競技部の活動の質的な向上の過程が見られた。しかし、活動の質的な向上は、部員のあり方にも影響を及ぼすこととなる。

一つ目に、「部員の淘汰」である。競技部の活動の本格化は、部員を「仕事と練習の両立」という現実的な問題へと直結させた。特に労働者にとっては、練習への参加がスケジュール的に厳しく、それ故に練習に参加することが困難となる部員も多かった。そして、仕事と競技部の活動の両立に苦心した結果、最終的に競技部を辞めざるをえない部員も数多くいたという。発足当初は、青年らに広く活動に参画する機会を与えていたが、活動の質的な向上は、結果的に参画の機会を狭めてしまったのではないだろうか。

二つ目に、部員の競技部の活動への傾倒は、「国家の意図するところの青年団のあり方との離反」（府中町体育会競技部、1933、3頁）を招いた。具体的な例としては、昭和8（1933）年に、部員が壮丁検査の実施日に検査に行かず、競技会に参加したことが、府中町内で重大な問題として取り上げられている。このことについて、ある部員は、「本来青年団は壮丁体力体格の向上や思想善導とかが目的とされるのが所以かもしれないが…（中略）…今日の活動は壮丁検査の結果に在らずして競技会で勝負することの方が重要であり」（N・I、1933、6頁）という意見を吐露している。この意見から読み取れるように、当時の部員には、本来、青年団に付されていた国家主義的なあり方を軽視するという風潮が見られる。このような状況からは、青年団の官製化を推進した内務・文部両省の意図と、実際に活動する団員らの意識とのズレが看取され、非常に興味深い。

おわりに：青年団の体育・スポーツが示す可能性

府中町青年団の競技部の活動は、あくまでも一つの事例であるが、この事例から、青年団では地域の状況に応じて盛んに体育・スポーツ活動が行われていたことを窺い知ることができる。青年らの多くは、青年団において初めて体育・スポーツ活動に触れる機会を得るとともに、日々の活動や競技会を通して、その実践を積み重ねていった。そこでは、青年らが、体育・スポーツ活動を自己実現の手段として位置づけ、体育・スポーツ活動に熱心に取り組む姿などが明らかにされている。一方で、競技志向の高まりは、活動への参画の機会を狭めることとなり、さらには国家の意図への離反を示すこととなる。そこには、決して単一的ではない、青年らの姿が映し出されているのである。

本稿の検討を通して伝えたいことは、わが国において体育・スポーツは、「決してエリートだけのものではなかった」ということである。こうした、地域に生きた末端の青年らの姿にこそ、実はわが国の体育・スポーツの多様な歴史が映し出されているのだと思う。今後、青年団のような「学校教育以外」の体育・スポーツの歴史についても、さらに研究が進められていくことが求められる。

（早稲田大学大学院博士後期課程）

【注】

（1）『フチュウスポーツ』とは、競技部によって発行された青年団の体育・スポーツに特化した機関誌である。

【引用参考文献】

大日本連合青年団調査部（1934）全国青年団基本調査：昭和5年度、日本青年館。
府中町青年団（1930）府中町青年団団則、団報、1：5。
府中町体育会競技部（1926）活動の現況、フチュウスポーツ、1：16‐17。
府中町体育会競技部（1933）昨今の競技部について、フチュウスポーツ、8：3。
高津勝（1994）日本近代スポーツ史の底流、創文企画。
宮坂広作（1968）近代日本社会教育史の研究、法政大学出版局。
文部大臣官房文書課（1933）日本帝国文部省第56年報上巻、文部省。
内務省・文部省（1915）青年団体の指導発達に関する件、大正4年9月15日。
内務省・文部省（1918）青年団体の健全発達に資すべき要項、大正7年5月3日。
N・I（1933）競技部とは何か、フチュウスポーツ、8：6。
田中義一（1915）社会的国民教育：一名青年義勇団、博文館。
吉田（1926）スポーツ、フチュウスポーツ、1：26。

執筆者紹介

友添 秀則（トモゾエ　ヒデノリ）
早稲田大学スポーツ科学学術院教授。本誌編集委員。博士（人間科学）。【主な著書】『スポーツのいまを考える』（編著）創文企画、『教養としての体育原理』（共著）、『スポーツ倫理を問う』（共著）、『体育科教育学入門』（編著）、『体育の人間形成論』以上、大修館書店、『体育教育を学ぶ人のために』（共著）世界思想社、『世界学校体育サミット』（共訳）杏林書院。

勝田　隆（カツタ　タカシ）
国立スポーツ科学センター副センター長。東京オリンピック・パラリンピック大会組織委員会・大会準備運営局：インテグリティ・ディレクター。日本オリンピック委員会（情報・医・科学委員会委員）。日本パラリンピック委員会（運営委員会委員・強化委員）。【主な著書】『知的コーチングのすすめ』大修館書店、『21世紀スポーツ大事典（「ラグビー」）』（共著）大修館書店。

川谷 茂樹（カワタニ　シゲキ）
北海学園大学法学部教授。九州大学大学院文学研究科（哲学・哲学史専攻）博士後期課程単位取得満期退学。博士（文学）。専門は哲学・倫理学。【主な著書】『スポーツ倫理学講義』、『スポーツ哲学の入門』（翻訳）S・B・ドゥルー、『キリギリスの哲学―ゲームプレイと理想の人生』（共訳）B・スーツ、いずれもナカニシヤ出版。

陣野 俊史（ジンノ　トシフミ）
文芸評論家・フランス文化研究者。【主な著書】『サッカーと人種差別』文春新書、『戦争へ、文学へ　「その後」の戦争小説論』集英社、『〈戦争と文学〉案内』（共著）集英社、『世界史の中のフクシマ』河出書房新社、『じゃがたら』河出書房新社、『フランス暴動　移民法とラップ・フランセ』河出書房新社。

竹村 瑞穂（タケムラ　ミヅホ）
早稲田大学助教。筑波大学大学院人間総合科学研究科満期退学、博士号（体育科学）取得。スポーツ倫理・哲学、身体倫理・哲学専門。【主な著書】「競技スポーツにおける身体的エンハンスメントに関する倫理学的研究：より「よい」身体をめぐって」『体育学研究』59（1）：53-66、「Prolegomena to philosophical considerations on the issues of sports and gender: a critical consideration on sports and gender researches in Japan.」『The journal of the Philosophy of Sport』41(1).

滝口 隆司（タキグチ　タカシ）
毎日新聞社勤務。１９９０年毎日新聞社入社。運動部記者として98年長野冬季五輪、２０００年シドニー五輪、04年アテネ五輪を経験し、12年ロンドン五輪は担当デスクとして現地取材班のまとめ役を務めた。『五輪の哲人　大島鎌吉物語』で２０１４年度ミズノスポーツライター賞を受賞。【主な著書】『スポーツ報道論―新聞記者が問うメディアの視点』創文企画。

高峰　修（タカミネ　オサム）
明治大学政治経済学部准教授。専門はスポーツ社会学、スポーツ・ジェンダー論。【主な著書】「スポーツ統括組織のガバナンスと倫理問題への対応」『入門スポーツガバナンス』笹川スポーツ財団（編）。「ハラスメントの受容：なぜスポーツの場でハラスメントが起こるのか？」『現代思想』41（15）。「女子マラソン」『よくわかるスポーツ文化論』井上俊・菊幸一編著、ミネルヴァ書房。

井谷 聡子（イタニ　サトコ）

オハイオ州立大学スポーツ人文学科修士課程修了。主な研究テーマは、スポーツと体育におけるジェンダー、セクシュアリティ、人種、民族に基づいた差別問題、スポーツ・メガイベントと新自由主義、植民地主義問題。【主な著書】Routledge Handbook of Physical Cultural Studies（共著）Routledge.〈新〉植民地主義社会におけるオリンピックとプライドハウス」『スポーツとジェンダー研究 Vol.10』日本スポーツとジェンダー学会。

香山 リカ（カヤマ　リカ）

精神科医。東京医科大学卒業。豊富な臨床経験を活かして、現代人の心の問題を中心にさまざまなメディアで発言を続けている。専門は精神病理学。ＮＨＫラジオ第一「香山リカのココロの美容液」（金曜・夜9時30分より）でパーソナリティをつとめる。【主な著書】『50代になって気づいた人生で大切なこと』海竜社、『堕ちられない「私」 精神科医のノートから』文藝春秋、『怒り始めた娘たち』新潮社、『リベラルじゃダメですか？』祥伝社。

伊藤 雅充（イトウ　マサミツ）

日本体育大学児童スポーツ教育学部准教授。東京大学大学院博士課程単位取得満期退学、同大学院博士（学術）取得。２００４年アテネオリンピック全日本女子バレーボールチームアナリストを務める。現在は世界コーチングエクセレンス評議会科学委員等を務める。【主な著書】『筋の科学事典―構造・機能・運動―』（共著）朝倉書店、「日本体育大学スポーツ研究Ａ・Ｂ」（共著）ナップ、『ＪＶＡ一貫指導マニュアル（技術編）』（共著）日本バレーボール協会。

安藤 悠太（アンドウ　ユウタ）

東京大学文学部卒業、独立行政法人日本スポーツ振興センター（ＪＳＣ）勤務。早稲田大学大学院スポーツ科学研究科修士課程修了。現在レンヌ政治学院在学。欧州評議会スポーツの試合における不正操作防止条約起草会合へ参加。

上柿 和生（ウエガキ　カズオ）

㈱スポーツデザイン研究所所長。ミズノスポーツライター賞選考実務委員・事務局長。スポーツ評論家川本信正氏を塾長に、本邦初のスポーツマスコミ講座を30期（20年）に亘り開講、スポーツメディア界で活躍する人材育成に携わる。

宇都宮 徹壱（ウツノミヤ　テツイチ）

東京藝術大学大学院美術研究科修了。インターネット・メディアを主戦場としながら、カメラをぶら下げて国内外の辺境を歩き回り、フットボールと酒をこよなく愛する生活を続けている。【主な著書】『股旅フットボール～地域リーグから見たＪリーグ「百年構想」の光と影～』東邦出版、『ディナモ・フットボール～国家権力とロシア・東欧のサッカー～』みすず書房、『サポーター新世紀～ナショナリズムと帰属意識～』頸草書房。

小野 雄大（オノ　ユウダイ）

帝京大学文学部卒業、筑波大学大学院修士課程教育研究科修了。早稲田大学大学院博士後期課程。専門はスポーツ教育学、スポーツ史。

編集後記

人間にとってスポーツは諸刃の剣である。言うまでもなくスポーツは、身体的発達や精神的発達、社会的発達、認知的発達を促し、私たち人間に大きな貢献をする。また、見知らぬ人であっても、ともにスポーツに興じれば、それがたとえわずかな時間であっても、10年来の知己のように胸襟を開かせる。スポーツは孤独で殺伐とした無機質な空間を、いとも簡単に笑いと笑顔にあふれた場に変える。だがしかし、時にスポーツは、冷徹な記録や結果のみを示し、人をより早く、より高く、より強くあるべきと急き立て、追い込むことがある。また時にスポーツは、非業にも人間を死に至らしめることがある。

私たちが確認しておかなければならないのは、スポーツはニュートラルであるということだ。スポーツを良くも悪くもするのは、人間自身である。いやむしろ、先人はスポーツから賭けを排除し、暴力を抑制し、安全を確保し、公平を担保し、平等や自由を貫徹させるために、一層ルールを合理化させ、スポーツそのものを洗練化させることに多くの努力を重ね英知を集めてきた。だからこそ、スポーツは先人の知恵と工夫と努力の結晶でもあるのだ。そしてそれを紆余曲折があっても、人間にとっての貴重な文化として結実させてきたのである。

でも今、様々な側面で、スポーツという文化の限界が露呈してきた。幾多の先人の努力にも関わらず、今を生きる私たちは先人が結実させてきたスポーツという文化の果実を貪り喰い、人間が育んできたスポーツという木を枯らす寸前なのではないか。それを枯らせないようにするためには、何が必要なのか。今号では、馴染みのない言葉であるが、それをスポーツのインテグリティーと思い定めて、多様に議論を展開した。スポーツのインテグリティーをどう守り、どう構築するかは、後代の人々への現代に生きる私たちの責務なのではないか。

（友添秀則）

『現代スポーツ評論』第33号は、
2015年11月20日発行予定です。

※創文企画のホームページに「現代スポーツ評論」のバックナンバーが掲載されております。ぜひご覧ください。
http://www.soubun-kikaku.co.jp

現代スポーツ評論 32

2015年5月20日発行
編　者　友添秀則
発行者　鴨門裕明
発行所　創文企画

〒101-0061
東京都千代田区三崎町3－10－16
TEL：03－6261－2855
FAX：03－6261－2856
［振替］00190－4－412700

印　刷　壮光舎印刷
表紙デザイン　松坂　健
（ツー・スリー）

ISBN978－4－86413－068－4 C3075